新書

雨宮寛二
AMEMIYA Kanji

世界のDXは
どこまで進んでいるか

1003

新潮社

はじめに

「失われた30年」と必然の変革

高度に情報化が進み競争が激しさを増す現代において、企業が生き残るのは極めて難しいと言えます。特に日本企業は、1990年代以降の「失われた10年」を経て、2000年代以降も業績不振が続き成長軌道に乗れず、失われた10年が、20年、30年へと経過して今日に至っています。

しかし、こうした状況は総体的な事象であって、成長戦略を構築して躍進を遂げた企業も少なからず存在します。それらの企業は、社会や経済環境などの変化から生じるさまざまな危機に直面しながらも、次なる時代の大きな潮流を予測して、その波に乗りながらビジネスチャンスをつかみ取り、事業領域を広げるとともに競争力を高めることに成功しています。

社会や経済などのさまざまな変化の中で、大きな事象のひとつとして挙げられるのが1990年代初頭におけるインターネットの商用化です。ネットの普及とともに、オンライン事業者が次々と創業を果たし、さまざまな業種業態で市場シェアを侵食していきました。

やがて、インターネットは、顧客へリーチする効果が十分に認められたことから、新たな販売チャネルとして注目を集めることになります。それは、既存の伝統的企業、すなわちオフライン事業者にとって大いなる脅威となって現れることになりました。

オンライン事業者は、創業後デジタル技術を駆使して、その戦略性を高めていったのです。自社が展開するウェブサイトにアルゴリズム、機械学習、深層学習、自然言語処理などを埋め込むことで顧客価値を創出し集客力を高めるに至りました。

こうしたオンライン事業者の動きに呼応して、既存のオフライン事業者もデジタル技術を経営に取り入れて、事業の再構築を図ります。再構築は、従来のリアルでの事業継続に留まりませんでした。インターネットをマーケティングのひとつとして取り込みリアルとネットの双方で戦略を展開して、新たなる価値の創出に成功した企業も現れました。

それでは、こうした伝統的企業は、オフライン事業者としてインターネット商用化以降も競争力を維持して、生き残ることができたのでしょうか。

【図表1】創業100年以上の企業数と比率

順位	国名	企業数	比率
1位	日本	33,076	41.3%
2位	米国	19,497	24.4%
3位	スウェーデン	13,997	17.5%
4位	ドイツ	4,947	6.2%
5位	英国	1,861	2.3%
6位	イタリア	935	1.2%
7位	オーストリア	630	0.8%
8位	カナダ	519	0.6%
9位	オランダ	448	0.6%
10位	フィンランド	428	0.5%

出典：日経 BPコンサルティング「『世界の長寿企業ランキング』を発表　創業100年、200年の企業数で日本が1位」（2020年4月6日）を基に作成

日経BPコンサルティングによる2019年調査（図表1）によると、創業100年以上の日本企業の総数は3万3076社に及びます。この数は、世界の創業100年以上の企業総数8万66社の41・3％を占めることから、実に多くの日本企業が、インターネット商用化を含めあらゆる危機を乗り越えて存続してきたことが分かります。

近年メディアで取り上げられるようになった、デジタルトランスフォーメーション（DX）の動きは、オフライン事業者によるデジタル化を中心にして、オンライン事業者によるAI（Artificial Intelligence：人工知能）化を

含んだ事象として捉えることもできます。

オフライン事業者にしてもオンライン事業者にしても、企業がデジタル化する対象は、主に「製品」「サービス」「業務」の3つで、これらに「自動化」「高機能化」「インテリジェント化」を施すことで新たなる価値が創出され、顧客や社会の課題が解決されています。

本書の特徴と構成

OpenAIが生成AIとして開発した「ChatGPT」が、2022年11月に公開されましたが、その際、グーグルを傘下に持つアルファベットの株が9％下落しました。

この下落は、オンライン検索が従来のキーワード検索から文章による検索に置き換わる可能性を市場が高く評価したことを反映したものですが、人工知能による文章検索には、あらゆる産業に波及して新たな競争原理を作り出すというもうひとつの可能性が存在することを読み取ることができます。

この事象は、デジタル化やIT（情報技術）化による変革が、新たな競争原理を作り出し産業構造全体を大きく変容させるほどの潜在力を秘めていることを示唆するものです。DXというデジタル変革のその先には、コーポレートトランスフォーメーション（CX）という企業変革があり、さらにインダストリアルトランスフォーメーション（IX）という産業変革が存在し、変革モデルが波及していくことで、価値の増大が図れるのです。

既にDXは「デジタルツイン」により、ひとつの雛形が作り出されています。現状とあるべき姿の間にはいかなる違いがあるのか、その違いはいかなる理由とメカニズムで生じるのか、その違いを埋めてあるべき姿に近づけるには何が必要か、こうした試みを仮想世界でシミュレーション（模擬的に実践・再現すること）により検証して、その結果を現実の物理世界にフィードバック（評価や意見などを反映させること）することでデジタル変革が生み出されているのです。

時代は、物そのものが価値を生み出す有形物中心の社会から、データや知識が価値を高める無形の付加価値中心の社会、すなわち、「データ駆動型社会」へとシフトしています。今後、社会や産業は、サイバー空間というコンピューターやネットワークで構成された多層的な三次元の世界で大きく変容を遂げていくことになります。

その変容した姿を捉えて、Society 5・0が日本政府により閣議決定され、提唱されているわけですが、日本企業は、そうした大きな変容の波に飲み込まれることがないよう、アーキテクチャーに関わる組織能力を高めて、あるべき姿に向けた変革を成し遂げる必要があります。

そのために必要な知識と戦略を本書では、事例を交えながら一つひとつ丁寧に解説しています。本書は、「基礎編」「戦略編」「事例編」の三編で構成されています。

基礎編では、まず、これまでのデジタル化の動きをデジタル化1・0、2・0、3・0の3つのフェーズで捉え、デジタル変革の原動力をビッグデータ、プラットフォーム、ケイパビリティとしたうえで、企業がデジタル化を進めるうえで何が必要なのか、人工知能やクラウドなどのキーテクノロジーに焦点を当て事例を踏まえながら詳細に解説しています。事例として紹介する企業は、ユニクロ、ＩＤｘ、くら寿司、ジンズ、スターバックス、アステラス製薬、旭化成などです。

戦略編では、企業や組織があるべき姿を明確にして、DXにより全体最適化を図ることで持続的競争優位を確立するために採るべき戦略的アプローチとして、「エクスペリエンス戦略」「データドリブン戦略」「ヒューマンスキル戦略」「アジャイル戦略」の4つを挙げ、それぞれの戦略で注目されているキーテクノロジーや手法として、ローカル

5G、エッジAI、リスキリング、PoCに着目し、事例を示しながらその戦略的意義や価値の重要性を明らかにしています。事例として紹介する企業は、ダイムラー（現メルセデスベンツグループ）、BMW、KDDI、アップル、クボタ、東芝、JVCケンウッド、AT&T、アマゾンなどになります。

事例編では、「DXの現在地、未来社会への大変革」と題し、デジタル変革により全体最適化を図ることで持続的競争優位を確立した企業として、テスラ、ウーバー、ウォルマート、アリババ、ネットフリックス、マイクロソフトの事例を取り上げ、各社が実施したDXをつまびらかにして戦略的に考察したうえで、DXの進化と分類を総括し、10年後の未来社会の在り方を示唆します。

デジタルによる変革は、事業や組織の中に先進的にデジタルテクノロジーを取り込んで、サイバー空間の活用や拡大により成し遂げられています。全体最適を伴う変革は、事業領域の拡大だけでなく新たな産業の創出にもつながります。変革の可否を分けるのはあくまでも人材で、今後、アーキテクチャーの認識力や思考力を持つ人材の重要性がさらに増すことから、個人の変容、組織の変容、社会の変容が求められることになるのです。

世界のＤＸはどこまで進んでいるか……目次

第2章　企業の「全体最適」を達成するための戦略論【戦略編】　75

第3章　DXの現在地、未来社会への大変革【事例編】　122

第1章　デジタル化を進めるための方法論【基礎編】

１．デジタルによる企業変革の潮流

現代ほど、企業変革が求められている時代はないと言えます。なぜなら、デジタルトランスフォーメーション（ＤＸ）という言葉に象徴されるように、デジタルにより企業経営に決定的な変化を起こすことで価値を生み出す戦略やビジネスモデル、さらには業界の仕組みを再構築するという動きがひとつの潮流として生まれているからです。

このＤＸの流れは、主に既存企業への変革の提言として捉えることができます。なぜなら、スタートアップ（新興企業）にとって、起業はデジタルテクノロジーの活用を伴うものであることが常識とされてきたからです。それはＧＡＦＡＭや、近年では、ウーバーやエアビーアンドビーといったデジタルネイティブの生い立ちを考えれば明白です。

ＧＡＦＡＭの中でも、グーグルやアップル、アマゾンなどは、コア・コンピタンス

（自社の中核となる能力）を本業以外にも発揮して事業領域を拡大してきたことから、既存企業が業界のリーダーの地位を奪われ、産業や市場によってはそうした企業を破壊に至らしめる状況に陥っています。

このように、デジタル化が進む現代においては、産業や業種の垣根を越えて、さまざまな企業や組織体がデジタルテクノロジーを駆使して新たな分野に参入してきます。これを創造的破壊につながるという側面で捉えれば、経済価値を生み出すという視座から肯定できますが、事業者側からすれば自社の経営に関わる脅威となります。こうした状況を打破するために事業者が採るべき選択肢は、次の2つに集約されます。

1つ目の選択肢は、既存事業でデジタル化を進め、スケールアウト（事業の拡大や成長）につなげることです。デジタル化による改善などにより効率性や生産性を向上させることも大事ですが、デジタル化によりビジネスモデルを変革することができれば収益性を劇的に高めることが可能となります。

2つ目は、デジタルテクノロジーを取り入れて新規事業を孵化して成長させ新たなコア・コンピタンスを構築することです。これは、既存事業を守るだけでは企業の成長が見込めない新たな成長戦略の一環として位置づけられます。

どちらの選択肢を進めるとしても大事なことは、あるべき姿の実現に向けて、事業そのものをデジタルの力でコントロールして全体最適化を図ることができるか否かであります。

たとえば、ネットフリックスのあるべき姿は、映画というコンテンツと顧客の視聴経験を結びつけることでした。DVD郵送によるかつてのビジネスモデルでは、ソフトウエアでコントロールできる事業プロセスは一部に限られ、コンテンツと顧客の視聴経験を直接結びつけることはできませんでした。

しかし、コンテンツの保存やストリーミング配信を基盤にしたクラウドコンピューティング（クラウド）によるビジネスモデルの導入により、あらゆるプロセスがソフトウエアで制御できるようになり、シネマッチによるコンテンツの最適化を顧客の視聴経験から取り込むことが可能となりました。

こうして構築されたシステムは、パソコン（PC）だけでなくあらゆるデバイス（機器）に取り入れられ、グローバルレベルで制御やアップデートが可能になったことから、事業全体をデジタルの力でコントロールするに至りました。

このように、ネットフリックスは自社のあるべき姿に向けて、デジタルテクノロジーを導入して全体最適化を図ることにより、スケールアウトすることに成功したのです。

2．デジタル化3．0の時代

ＤＸなど現代の潮流を生み出しているデジタル化とは、どのように捉えたらよいのでしょうか。最も分かり易い身近な例として挙げられるのが時計です。アナログ時計は、秒針、短針、長針の3つの針で時間を示します。すべての針が止まることなく動き続けることで時間が進んでいる様子が目で見て分かるように表示されています。

これに対してデジタル時計は、1秒ごとに数字が切り替わり表示されます。実際には、1秒から2秒に変わるまでの間に進む時間も存在していますが、その部分は表示されず、データが切り取られて表示されています。

この例で分かるように、アナログが、連続的に変化するデータを目で見える量で表したものであるのに対して、デジタルは、連続的なデータを段階的に切り取って数値や記号で表したものであることが理解できます。

このように、デジタルは、数値や記号などでデータを表現することになるため、再現することや複製すること、保存することが可能です。また、デジタルデータの伝達は、

PCやインターネットを介して行われるので、瞬時にデータの交換や情報の共有が可能となり、高度情報社会に欠かせない存在として捉えることができます。

これを基に、これまでの企業によるデジタル化の動きを考えてみると、デジタル化は次の3つのフェーズで進化してきたことが分かります。

第1のフェーズは、単純にアナログをデジタルに置き換えることです（デジタル化1・0）。いわゆる「ツールのデジタル化」です。たとえば、リアルのデータや情報を電子化することです。企業活動においては、請求書やマニュアルなどのペーパーレス化を図ることや、営業先でプレゼンテーション資料をタブレットやPCで表示して営業活動を行うことなどがこれに当たります。これらは、あくまでもITシステムを導入して業務を部分的もしくは局所的にデジタル化する「デジタイゼーション」に留まることから、業務改善やコスト削減が主な目的になります。

第2のフェーズは、特定の業務プロセスをデジタル化することです（デジタル化2・0）。いわゆる「プロセスのデジタル化」です。このフェーズでは、デジタル化はあくまでも業務プロセスのレベルで部分最適に留まることから、企業全体のレベルまでデジタル化が進んでいない状況にあります。たとえば、ウェブサイトにレコメンデーション

（おすすめ）機能を組み込んだり、コンタクトセンターの顧客対応業務に人工知能を活用したモニタリング機能を導入したり、工場にＩｏＴ（物のインターネット）を導入してモニタリングにより検品や異常動作検知を自動化したりすることなどがこれに当たります。

これらは、デジタル化により付加価値を向上させ顧客体験（カスタマーエクスペリエンス）を生み出すことが可能なことから、「デジタライゼーション」の動きとして捉えることができます。ここで言う「カスタマーエクスペリエンス」とは、商品やサービスの購入前や購入後などさまざまな過程を含んだ顧客体験を意味し、商品やサービスそのものの顧客体験である「ユーザーエクスペリエンス」よりも広い顧客体験を指します。

ファーストリテイリングが導入したセルフレジ

デジタライゼーションを理解するうえで参考となるのが、ファーストリテイリング（ＦＲ）が構築したセルフレジの事例です。ユニクロやジーユー（ＧＵ）を運営するＦＲにとって、販売店舗での会計処理の効率化は長年の課題でした。週末にユニクロを利用したことがある人であれば、レジに長蛇の列ができている光景を目にしたことがあると思います。

服選びに時間をかけるのは楽しくても、会計で待たされるのはストレスになるので御免だというのが顧客の本音ではないでしょうか。顧客満足度が下がるだけではなく、購買意欲も低下し今日は買うのをやめようと考える顧客も少なからず存在し、事業機会の逸失にもつながることになります。

こうした状況を踏まえて、FRが変革を目指したのは、セルフレジによる完全自動化です。すなわち、一瞬で購入する数と金額が分かり支払方法も選べるという仕組みづくりです。FRが目を付けたのは、RFID（Radio Frequency Identification：無線自動識別）方式によるセルフレジでした。商品にICタグを取り付けることで、顧客が買い物カゴをセルフレジに置くだけで、瞬時に読み取ってくれます。それゆえ、顧客はバーコードを読み取る必要がないのです。

RFIDとは、小さなICタグと無線通信で情報をやり取りして自動認識するシステムを指します。Suica や PASMO などにも利用されており、「非接触でICタグの読み書きができること」「複数のICタグを一括で読み取れること」「ICタグが見えなくても読み取れること」などの特徴から、業務効率を高める技術として期待されています。

ユニクロが新宿や渋谷などの一部店舗を対象にしてRFIDセルフレジを試験的に導

入し始めたのは、２０１７年11月でした。

ＲＦＩＤセルフレジでは、レジの左側にあるタブレットを操作して集計・登録・支払いの手続きを進めます。まず、タブレットに「お会計をはじめる」が表示されるので、それをタップしたら、右側の商品を置くスペースに選んだ商品が入っている買い物カゴを置きます。すると、タブレットに瞬時に自分が買う商品名と個数、価格が表示されます。表示内容と商品を確認して、点数が合っていない場合には、カゴの中の商品をずらすなどして再度商品の読み取りを行います。

商品の数が合っていれば「次へ」をタップして精算に移ります。支払いには、現金の他に、クレジットカード、ＱＲコード決済（PayPay、ｄ払いなど）、電子マネー（ｉＤ、QUICPay、Suica、PASMO、楽天Ｅｄｙ、ＷＡＯＮ、nanacoなど）用の端末が用意されています。また、ギフトカードなどの利用にも対応できるようになっています。最後に、「領収証が必要な方はこちら」を選択すれば精算が完了します。

ユニクロで使われているＩＣタグはシールタイプのもので、商品の形状により取り付けられている場所が異なりますが、かさばる心配はありません。また、複数の商品を購入する場合でも、一度にＩＣタグを読み取ることができるので、バーコードによるセルフレジと比べて遥かに短い時間で会計を済ませられます。そのうえ、ＩＣタグの読み取りの精度も高く殆ど間違うことはありません。

ＦＲがユニクロやＧＵで導入したＲＦＩＤセルフレジは、ＲＦＩＤのＩＣタグを読み取る方式を採用したことにより、顧客が一つひとつの商品を登録しなくても購入個数や支払額が瞬時に把握でき、たとえセルフレジに不慣れな顧客であったとしても、何ら難しい操作は必要なく短時間で支払いができ顧客の便益を劇的に高めたという点で画期的なシステムであると言えます。

一方で、ＦＲ側にとっても非常に有益で、こうした会計業務の自動化により事業機会の逸失防止だけに留まらず、従来会計業務に携わっていた人員を大幅に削減して固定費を圧縮することが可能となります。

ＦＲがこのセルフレジを開発して導入する以前のセルフレジは、ショッピングモールなどで採用されているように、バーコードの読み取りによるものが一般的でした。しかし、ＦＲが目指したのは、セルフレジによる完全自動化でした。

顧客に買う商品を一つひとつスキャンしてバーコードを読み込ませるのは、顧客に負担となるだけでなく、顧客によっては店舗スタッフによる精算よりも時間がかかりタイムロスになることから、必ずしも効率性を高めるとは限らないことになります。それゆえ、商品の読み取りも自動化するとの発想が生まれ、そのデジタル化に取り組んだのです。

ＦＲは顧客が非接触で精算を済ませる仕組みを模索し、ＲＦＩＤセルフレジの導入に至りました。バーコードによる既存のセルフレジなど現行の外部環境を見据えることから、近未来のセルフレジの理想の姿を導き出したのです。

店舗でＲＦＩＤセルフレジを初めて利用した顧客は驚きを隠せませんでした。利用直後にブログやツイッターなどのＳＮＳに利用体験が多く掲載されたことがその証左でもあります。こうした顧客価値の創出が競争優位性を生み出したわけですが、ＲＦＩＤセルフレジが、完全自動化というあるべき姿に到達するための持続可能な拡張性の余地を残したものであるという点も大きな意義があると言えます。

この他にも、ユニクロは、生産や物流の各工程で自動化を推進しています。２０１８年９月に販売開始した３Ｄニットは、全自動で１本の編み糸から１着のニット服を丸ごと編み上げるという縫い合わせ不要の技術（ホールガーメント技術）を島精機製作所から導入して、生産工程の自動化に至っています。物流工程でも、２０１８年以降、物流倉庫や工場内のマテリアルハンドリング大手のダイフクと戦略提携して倉庫の自動化や無人化に着手しており、プロセスのデジタル化が進みつつあります。

デジタル化で企業組織全体を再構築

企業によるデジタル化の動きにおける第3のフェーズは、個別の業務プロセスに留まらず、企業組織全体をデジタル化する、もしくは産業や業界の仕組みを再構築することです（デジタル化3・0）。いわゆる「ビジネスのデジタル化」です。

たとえば、マッチングアプリをタクシー事業に導入して新たなる価値を生み出すことがこれに当たります。ウーバーはこれによりタクシー業界の仕組みを再構築しました。

また、コマツは、「スマートコンストラクション」を建設業界に導入して、施工の全体最適化を図り、オープンプラットフォームとして建築土木工事の生産性を飛躍的に向上させました。ここで言うスマートコンストラクションとは、測量から検査に至る全ての建設生産プロセスで生成されるさまざまなデータをデジタルテクノロジーでつなぐことで「見える化」し、安全かつ生産性の高いスマートな未来の現場を創造していくソリューション（解決策）を意味します。

これらはいずれも、デジタルテクノロジーの活用により、企業組織そのものを外部のさまざまな変化や競争に耐えられるよう柔軟に変化できる姿に変革することを可能にしたことから、「デジタルトランスフォーメーション（ＤＸ）」の動きとして捉えることができます。

また、企業全体に変革をもたらす、もしくは産業や業界の仕組みを再構築するという側面から捉えれば、「コーポレートトランスフォーメーション（ＣＸ）」や「インダストリアルトランスフォーメーション（ＩＸ）」の動きもこれに当たると言えます。

事業変革としてのＤＸの取り組みが、やがて企業組織全体の変革であるＣＸへと拡大し、それが関連企業や産業全体へと波及することになれば、ＩＸとして発展していくことになります。さらに、それぞれの産業が変革していくことになれば、社会全体の在り方を大きく変えるという意味で、「ソーシャルトランスフォーメーション（ＳＸ）」へ進化することにもつながるのです。

3．デジタル化の用途と効果

現在、製造、金融、サービス、流通業など幅広い業界で、さまざまな面からデジタル化が進展しつつありますが、その用途は、以下の3つに集約することができます。

1つ目は、活動代替により業務の効率化や合理化を図ることです。アナログをデジタルに転換するといった単純なデジタル化に始まり、ロボットやインテリジェントマシーン（知能機械）、機械学習などの人工知能を活用したタスクの自動化やヒューマンエラー（人為的過誤や失敗）の防止に努めることで、業務効率の向上や業務プロセスの合理化が図られています。

たとえば、タスクの自動化では、「ロボティック・プロセス・オートメーション（RPA：Robotic Process Automation）」が挙げられます。RPAはクラウド上で動くソフトウェアで、人が設定したルールに基づき繰り返し行われる作業を自動化します。

具体的には、人がPC上で日常的に行っている定型作業を人が実行するのと同じかたちで自動化してくれます。たとえば、エクセル（Microsoft Excel）に記載された数字を基幹系システムのデータベース（コンピューター上でデータを効率よく整理された方法で保管もしくは管理するシステム）にコピー&ペーストするといった単純作業などです。このように、RPAはデスクワークなどの作業を肩代わりしてくれることから、「デジタルレイバー（digital labor：仮想知的労働者）」と呼ばれることもあります。

全国に500店舗を展開する事業者が、日々POSシステムから届く売上速報値の集計管理業務にRPAを導入した事例では、従来2名の担当者が店舗別のエクセルファイルの情報を手作業でデータベースに登録後、必要な情報のみを抽出してテンプレートファイル（定型ファイル）に転記し、経営陣などにメール報告していましたが、こうした一連のタスクを見直し、RPAで自動化した結果、これまで日々2時間程度かかっていた人による作業が数分程度に短縮されています。

このように、RPAは、タスクの一部を自動化して目に見える効率化が図れることから、DXによる全体最適という長期的な経営目標を掲げる企業や組織が、目標達成に向けた第一歩としてRPAの導入に着手するケースも見られます。

RPAは近年、欧米だけでなく日本の企業でも急速に導入が進んでいます。その背景には、少子高齢化や労働人口の減少により深刻な人材不足が起こっていることや、政府が打ち出している少ない労働力で生産性を維持するという働き方改革の実現、さらには、導入時間が従来システムよりも短く導入効果が即座に発揮されるというRPAそのものの特徴などの要因が存在します。

他方、人材採用プロセスの面でも、デジタル化による効率化が図られています。具体的には、採用プロセスに人工知能を活用することでプロセス自体を合理化したり、人材募集の際に関連する社外情報のバイアスを排除したりしています。

デジタル化の用途の2つ目は、予測による対応の適正化を図ることです。具体的には、オンラインのニュースやソーシャルメディアなどのテキスト（文字）や音声、画像情報といったビッグデータから人の関心や好み、感情を分析することで顧客の将来の需要を予測します。また、ビッグデータを迅速に解析することで予防保全やモニタリングにより監視機能を強化します。モニタリングを通して将来的に起こり得る問題を事前に見つけ出し警告を発したり、発生後に実行すべき対策を提案したりする試みが多くの企業で実施されています。

こうした解析や予測には、人工知能が活用されています。人工知能は、ビッグデータから関係性を見出し予測することに長《た》けていることから、将来の変化をより迅速かつ正確に予測することが可能となります。

たとえば、医療業界では、人工知能による一部の病変の発見精度が専門医を既に上回っています。年間3000万人の糖尿病患者がいる米国では早期発見が課題でしたが、眼底写真を撮影し糖尿病特有の病変を高精度で認識する人工知能が登場しています。

この人工知能は、「糖尿病性網膜症AI自動診断システム」と呼ばれ、ヘルスケア分野で最先端の人工知能の開発を手がける米国のIDx社（IDx Technologies, Inc. 2020年8月にDigital Diagnostics Inc. に社名変更）により開発されました。これにより、糖尿病性網膜症の早期発見が可能となりました。

糖尿病性網膜症AI自動診断システムは、網膜のデジタル画像を独自のアルゴリズムで解析し糖尿病性網膜症が陽性か陰性かの判断を行います。これまでに、正しい診断結果の検出率は、実に96％に達しています。

回転寿司業界でも、異常検知に人工知能が導入されています。近年外食業界では、店内での客による迷惑行為が次々と明らかになっており、回転寿司チェーンでは、スシローが客の注文した商品のみをレーンに流す形式に変えるなど、従来とは異なる提供方法を採る企業も出てきています。

こうした状況下で、回転寿司チェーンのくら寿司が、レーンを回る寿司皿の不審な動きをAIカメラで検知する「新AIカメラシステム」を競合に先駆けて導入するに至っています（2023年3月）。

くら寿司では、2011年に全皿に独自技術の「抗菌寿司カバー」の設置を完了していますが、新たなシステムでは、客が食べた皿をレーンに戻すなど抗菌寿司カバーが不審な動きをした際に、カメラに搭載されたＡＩが画像認識で検知します。

検知された情報は、本部の管理システムにアラートとして伝えられ、発生時刻や客席情報などが該当の店舗に通知されます。店舗では、該当の客への確認が行われ、カメラの映像から悪質な行為と判断されれば、速やかに警察に通報して迅速な対応を取ることが可能となります。

こうした人工知能によるシステムの導入は、食の安全を守るだけでなく、迷惑行為に伴う業績不振や株価への悪影響という被害から会社を守ることにつながります。

デジタル化の用途の3つ目は、経営や事業などにおける判断支援です。ここで言う判断支援とは、仮説検証や知識発見、原因究明などを通じて得た知見や洞察を用いて意思決定を支援することです。具体的には、経営目標とその進捗状況を表示し、未達成の可能性がある場合には警告を出し達成に向けた対策を複数提示するとともに、対策ごとの効果もシミュレーション表示することで、データに基づく将来予測型の経営判断を支援します。

メガネブランドＪＩＮＳを運営するジンズでは、アウトソース（社外への業務委託）の経営判断支援サービスを活用して、経営状況の可視化により、サプライチェーンの強化や業務負荷の削減を図っています。トライアル（試行）期間において欠品による売り逃しを約65％削減し、廃棄ロスの約10％削減が可能となったことから、本サービスの本格導入を決定するに至りました。

この経営判断支援サービスは、「AI Powered Management Cockpit」と呼ばれ、世界最大級の経営コンサルティング会社として知られるアクセンチュアにより開発されました。このサービスでは、あらゆる経営指標を一元的に可視化し、人工知能による目標達成予測とそれに基づく対策シミュレーションを提示することで、次に採るべき経営の意思決定を支援してくれます。

たとえば、人工知能が欠品や過剰在庫においてリスクを検知した場合、追加発注や倉庫間移動、販売価格変更などの対応策を提示してくれます。これに加え、市場やサプライチェーンにおける将来的な潜在リスクを踏まえた効果のシミュレーションも併せて提示してくれます。

一方で経営者が人工知能による提案と異なる対策を講じる場合、あらゆる経営指標への影響をシミュレーションしながら意思決定することも可能です。決定された経営判断は、社内のネットワークシステムを通して関連部署とリアルタイムに共有されることで、シームレスなアクションに結びつけることが可能となります。また、そうした意思決定の結果を蓄積していくことにより、予測精度の向上と提案の高度化を恒常的に図ることが可能となるのです。

4．デジタル化の基盤となる3つの原動力

これまで見てきたように、デジタル化は、デジタイゼーション、デジタライゼーション、DXと3つのフェーズで進化を遂げていますが、今日、企業がデジタル化に取り組むことで事業プロセスやビジネスモデルを変革し組織や業界の仕組みを再構築するに至っている背景には、以下の3つの原動力が存在します。

1つ目は、ビッグデータです。ここで言うビッグデータとは、一般的なデータ管理や処理を行うソフトウェアでは取り扱うことが難しいほど、巨大で複雑なデータの集合体として捉えることができます。

データそのものを大別すると、「構造化データ」と「非構造化データ」の2つに分類できますが、現在、全世界で生成されたり消費されたりするデジタルデータの総量にお

いて、両者の割合は概ね2対8の割合になっており、非構造化データが大半を占めています。

構造化データは、エクセルファイルなどで表現される「列」と「行」の概念を持つデータであることから、どこにどのようなデータがあるかは列と行により決められているため、データ検索や集計などが行い易くデータ解析や分析にも適しています。

一方、テキストや画像、動画、音声といった非構造化データはデータ単体で意味を持ち、業務用途がそれぞれで異なるため、データベースで扱うことが難しいデータになります。企業では、電子メールを始めとして、企画書、提案書、見積書、契約書、デザインなどの非構造化データが、日常業務で生成され扱われるデータの大部分を占めます。

企業や組織では、データの収集に始まり、保管、取捨選択、検索、共有、転送、解析、可視化などビッグデータを取り巻く課題の範囲は多岐にわたります。ビッグデータを解析して新たな気づきや洞察などを得るためには、こうした課題を克服し、大きなデータセットとして操作し管理できるようになることが求められます。

2つ目は、プラットフォームです。プラットフォームは、基本的に「媒介」と「基盤」の2つの役割を果たすことで価値を生み出します。具体的には、インターネットやコンピューター上に基盤や媒介となるプラットフォームを構築し、個人や企業を結び付けることで価値の創出を図ります。

プラットフォームの構築において重視されるのは、顧客エンゲージメント（信頼関係）の高いサービスの実現です。顧客にいかなるカスタマーエクスペリエンスを提供して最適化を図るかによって、集約すべき機能や人工知能などの統合基盤を確立することが求められます。

3つ目は、ケイパビリティです。ここで言うケイパビリティとは、企業が全社的に保有し得意とする組織的な能力を指します。企業がデジタル化3・0の取り組みを遂行し成功させるためには、既存システムやデジタルテクノロジーを扱ってきた部門だけでなく、それ以外の部門でもデータやデジタルに関わるスキルの習得が不可欠です。

デジタル化がもたらす効果を最大限に引き出すためには、そうしたスキルに留まらず、開発プロセスの敏捷性を伴うアジャイル（ニーズの変化や方針の変更などに機敏に対応する能力）なアプローチを組織的に展開できることや、完成度を高めるためにプロトタイプ（試作品）の作成や実験を何度も繰り返すことを歓迎する文化を全社的に醸成すること、さらには、そうした試みに伴う予算を組織的に容認できることなどが求められます。

こうした3つの原動力を基盤にして、現在、多くの企業がデジタル化によりDXを推進しています。その際に、中心的な役割を担うのは、あくまでも現場で職務に従事する従業員になります。本社の技術部門任せにしたり外部のコンサルタントに丸投げしたりするのではなく、自社の部門で実際の業務に精通している従業員自らがアジャイルチームを結成して、デジタル化にダイナミックに取り組めるようにすることが重要になります。

このことは、DXを成功に導くための重要な事項でありますが、DXやCXの主導的な立場にある企業や先駆者でさえも過小評価しがちな点でもあります。社会のデジタル化が急速に進行しているにもかかわらず、自社にはデジタル人材がいないとして受動的な姿勢でデジタル化に消極的な立場をとり続けることは、組織能力の硬直化を招くことになるのです。

スターバックスのデジタルフライホイール戦略

ビッグデータ、プラットフォーム、ケイパビリティの3つの原動力を最大限に生かしてデジタル化を進めている企業のひとつとして、スターバックスが挙げられます。スターバックスは現在、デジタル化により顧客価値や便益を恒常的に生み出しながらDXを着実に進めていますが、その嚆矢となったのはビッグデータです。

スターバックスは今では、世界で3万4630にのぼる店舗を展開し、毎週1億人以上の顧客にサービスを提供している（2022年4月時点）ことから、店舗内にあるIoT機器からビッグデータを収集し、顧客が何を消費し、好みのフレーバーは何かなどを包括的に把握することが可能です。それゆえ、データを取り入れた経営にスターバックスが早くから着手していたと思われがちですが、その価値に注目するようになったのは、2008年の金融危機がきっかけでした。

それ以前におけるスターバックスの意思決定は、経験や知見に基づいた人間主導によるものでした。しかし、金融危機に伴う店舗の閉鎖などにより、店舗の立地を決定したり集客力を高めたりする際に、より分析的なものにする必要性に迫られたことからビッグデータに注目するようになりました。

スターバックスのデータ活用は不動産だけに留まらず、製品開発やマーケティングにも及んでいます。活用されるデータの取得はコーヒーマシーンに始まり、今では、オーブンやモバイルアプリにまで拡大しています。特に、モバイルアプリは、米国だけでもアクティブユーザーが2480万人（2021年12月時点）に達し、顧客の嗜好や行動を読み取るための貴重なビッグデータを収集するIoT機器として機能しています。

その基盤となっているのが、「デジタルフライホイール（Digital Flywheel）戦略」です。この戦略は、顧客とのデジタルリレーションシップに注力することで、新規顧客の獲得に加えリテンション（既存顧客維持）の強化を図ることを狙いとしています。

デジタルフライホイールは、モバイルアプリと「スターバックスリワード（リワード）」と呼ばれるロイヤリティプログラムなどを融合したデジタル戦略で、具体的には、「注文」「決済」「パーソナライゼーション」の3つのデジタル化を推進することにより卓越したカスタマーエクスペリエンスを生み出し、スケールアウトを図っています。

たとえば、注文や決済のデジタル化については、競合に先駆けいち早く着手しています。スターバックスが全米でモバイル決済を開始したのは2011年ですが、アップルがモバイル決済を開始した2014年には、既にスターバックスは1週間のモバイル決済処理数が700万件に達し、モバイルアプリユーザーのデータベースを着実に拡大させることに成功しています。今では、店舗でのモバイルによる支払いも増加しており、モバイルデバイスを使って料金を支払う割合は、米国内店舗の総取引の3割を占めるに至っています。

これに大きく寄与しているのが、「モバイル・オーダー・アンド・ペイ（Mobile Order & Pay）」サービスです。このサービスを使えば、モバイルアプリ経由で事前に注文と決済を済ませ、レジに並ぶことなく店頭で商品を受け取ることができます。日本でも、２０１９年６月から都内56店舗でサービスが開始され、今では全店舗にサービスを拡大しています。

このサービスの狙いは、デジタル化によりカスタマイズを図りカスタマーエクスペリエンスを高めることにあります。顧客の中には、注文して直ぐに商品を受け取り仕事に戻りたいと考える人もいれば、店舗のパートナー（従業員）との会話によりリフレッシュしたいという人もいます。重要なのは、こうした顧客一人ひとりの要望に応えることで、顧客がそれぞれの目的に到達することができるようにデジタル設計がなされていなければ、サードプレイスを標榜するスターバックスといえども、早晩利用されなくなるのは明らかです。

そのため、モバイルアプリではオーダーの際に、「受取店舗」をはじめとして「持ち帰りか店内飲食か」「商品」「カスタマイズ内容」「ペーパーバッグの利用有無」などさまざまな選択肢を用意して、使って楽しい、面白いと感じられるような情緒的価値が加えられるよう工夫しているのです。ここで言う情緒的価値とは、商品やサービスを提供することで顧客一人ひとりの気持ちと強く結びつくことができる精神的な価値を指します。

この情緒的価値を特に高めているのが、ドリンクのカスタマイズです。たとえば、ミルクは、アーモンドミルクやオーツミルクなど7種類の選択肢に加え、量や温度帯も指定できるようになっています。こうしたカスタマイズは、サービス開始当初は１３００通り程度でしたが、顧客からのさまざまな要望に応え、今では７５００通りまで増えています。カスタマイズの利用率は店舗よりもモバイルオーダーの方が3割も高いことから、注文する際の楽しみにつながっていると言えます。

このように、スターバックスは、モバイル・オーダー・アンド・ペイなどのサービスを中心にしてカスタマーエクスペリエンスの価値を高めてきたわけですが、こうした一連のサービスのベースとなっているのが、スターバックスがビッグデータ分析基盤を中核にして構築した「マーケティングプラットフォーム」です。

このマーケティングプラットフォーム実現に向けた取り組みへの着手は、全米でモバイル決済を開始した２０１１年頃に遡りますが、当初は、ＩＴベンダー（システムやソフトウェアなどの製品やサービスを提供する会社）に発注して開発されたオンプレミス（自社運用）のシステムでモバイルアプリなどを運用していました。

しかし、オンプレミスのシステムでは、会員宛に発信した情報による膨大なアクセスに加え、当時のＳＮＳの普及やリッチコンテンツ（音楽や動画、アニメーションなどの動的な要素を含むコンテンツ）へのニーズの高まりなどの影響により、インフラがその負荷に耐えられないというのが実態でした。

そのため、２０１４年にはオンプレミスによる構築を諦め、アマゾンのＡＷＳ（Amazon Web Services）を導入してクラウドによる構築を目指すことになります。ＡＷＳへの移行は、当初はフロントエンド（ウェブサービスやアプリケーションで直接ユーザーの目に触れる部分）のみでしたが、管理の手間や時間が削減できないことから、移行範囲をバックエンド（ウェブサーバーやデータベースのシステムなどユーザーの目に見えない部分）まで広げて抜本的なシステム改革に乗り出します。

スターバックスは、複数のＩＴベンダーの協力のもとに、さまざまなサービスをこのプラットフォームに実装していきます。

２０１６年には、iＯＳとアンドロイド用のモバイルアプリをフルスクラッチ開発（既存のものを活用せず新規に開発すること）して、リリース後のユーザー拡大時にも安定動作を維持させています。また、会員サービスである「My Starbucks」の管理システムを開発し構築するに至っています。

２０１７年には、米国本社からのガバナンス基準をアーキテクチャーに反映できるようシステムのセキュリティ強化を図るとともに、本社提供のグローバルシステムと日本のアプリケーションとを連携する「Global Proxy Platform」を導入して、スターバックスリワードの管理システムを構築しています。

２０１９年には、「モバイル・オーダー・アンド・ペイ」サービスに加え、ＬＩＮＥ経由で簡単にスターバックスカードを利用できるＬＩＮＥアプリ「ＬＩＮＥスターバックスカード」をリリースして、潜在需要掘り起こしのためのシステム基盤を構築しています。

これら一連の実装にはアジャイル開発手法が取り入れられ、週1回のウォークスルー（仕様を含めたプログラム全体のチェック）と振り返りにより、サービスインに関わる課題の洗い出しや運用設計の検討が繰り返し行われることで開発が進められました。

こうしたアジャイルな開発手法が可能なのは、スターバックスが顧客を中心に据えてさまざまなITベンダーと組織的な協力体制を築き上げているからです。早い時点でレガシー（時代遅れの）プラットフォームの課題と見直しを行い、その抜本的な改革の必要性を認識して予算や体制の構築を組織的に容認できるケイパビリティこそがスターバックスの強みと言えます。

現在もこのアジャイル手法は継続され、より高度なビッグデータ分析基盤として機能するマーケティングプラットフォームの構築を目指して、開発が続けられています。

5．データイニシアティブの現状

企業がデジタル化を推進してDXを実現する背景には、ビッグデータ、プラットフォーム、ケイパビリティの3つの原動力が存在しますが、企業がデータイニシアティブを実現するための取り組みは、現在どこまで進んでいるのでしょうか。

米国の戦略アドバイザリーファームとして知られるニューバンテージパートナーズが、2022年1月に発表した「データおよびAIリーダーシップに関するエグゼクティブ調査2022（Data and AI Leadership Executive Survey 2022）」では、フォーチュン10

00（米国最大企業1000社）や国家組織（国防総省、米国人事管理局など）といった94の組織が参加して、組織が注力している「イニシアティブ、投資先と利益、データ管理に割り当てられた役割および重大な課題を引き起こす問題」についての評価結果が出ています。この調査結果から、組織によるデータイニシアティブの現況と本質的課題を以下の3つの視座で読み取ることができます。

1つ目は、組織がデータとAIイニシアティブへの投資を増やし続けていることです（図表2）。調査結果では、組織の97・0%がデータイニシアティブに、また、91・0%がAIイニシアティブに投資して、92・1%の組織が測定可能なビジネス上のメリットを実現していると回答しています。これを2017年の48・4%、2020年の70・3%と比較すると大きく増加していることが分かります。

2つ目は、組織がデータドリブン（データ主導型）になるための取り組みにおいて、依然として潜在的に長い道のりに直面して苦労していることです（図表3）。47・4%の組織がデータと分析において競合他社と争っていると回答しており、データをエンタープライズビジネス資産として管理しているのは39・7%で、データドリブン型組織の構築を果たしたのは26・5%、データ文化の確立に至ってはわずか19・3%という結果

【図表2】データおよびAIリーダーシップに関するエグゼクティブ調査結果2022　Ⅰ
（Data and AI Leadership Executive Survey 2022）

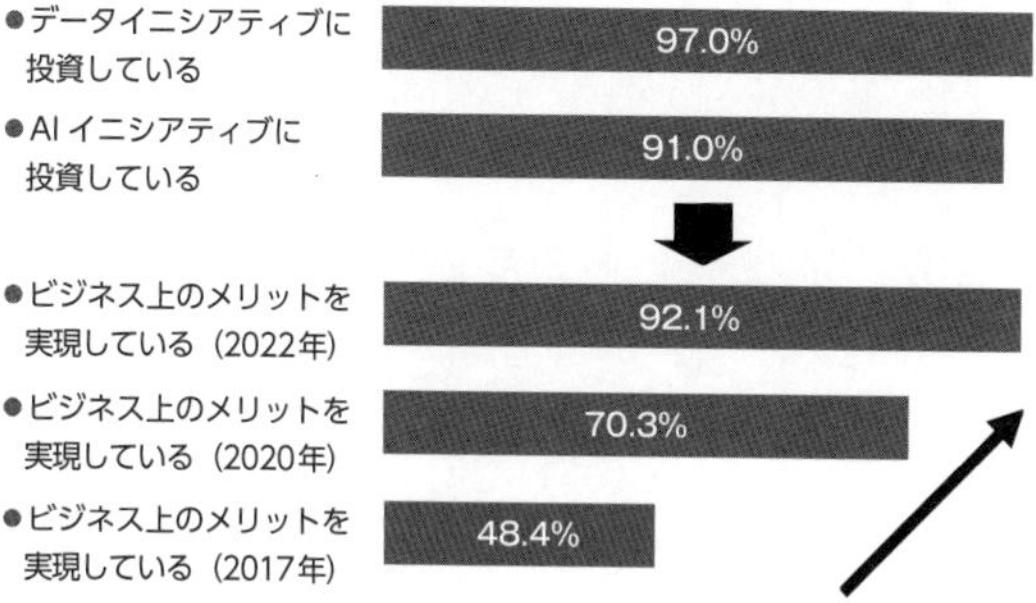

出典：ニューバンテージパートナーズ「データおよびAIリーダーシップに関するエグゼクティブ調査2022（Data and AI Leadership Executive Survey 2022）」を基に作成

【図表3】データおよびAIリーダーシップに関するエグゼクティブ調査結果2022　Ⅱ
（Data and AI Leadership Executive Survey 2022）

項目	2019年	2022年
データによるビジネスイノベーションの推進	59.5%	56.5%
データと分析において競合他社と争っている	47.6%	47.4%
データをエンタープライズビジネス資産として管理している	46.9%	39.7%
データドリブン型組織を構築している	31.0%	26.5%
データ文化を確立している	28.3%	19.3%

出典：ニューバンテージパートナーズ「データおよびAIリーダーシップに関するエグゼクティブ調査2022（Data and AI Leadership Executive Survey 2022）」を基に作成

が出ています。特に、91・9％の組織がデータドリブン型ビジネスの成果を達成するうえで最大の障害として企業文化を挙げています。

3つ目は、ＡＩへの取り組みは加速しているがＡＩの導入や普及は依然として低い状況にあるということです。ＡＩ機能が組織内の広範な生産に提供されているのは26・0％に過ぎず、69・8％はパイロット（試験的）もしくは限定的な生産にＡＩが留まっていると回答しています。

6．ＤＸ推進に不可欠な「デジタルツイン」とは

近年、製造業や建設業を中心にＤＸが目指す姿として、「デジタルツイン」が注目を集めています。デジタルツインとは、現実の世界（フィジカル空間）から収集した多種多様なビッグデータを使って仮想空間（サイバー空間）上に全く同じ環境を再現し、分析やシミュレーションによる結果を現実世界へフィードバックすることで将来起こり得る変化にいち早く対応するための方法論です（図表4）。現実世界と全く同じ状況を仮想空間上にも再現するという意味で、ツイン（双子）という言葉が使われています。

デジタルツインの考え方は従来にも存在し、その源流とも言われているのが１９６０

【図表4】デジタルツインの仕組み

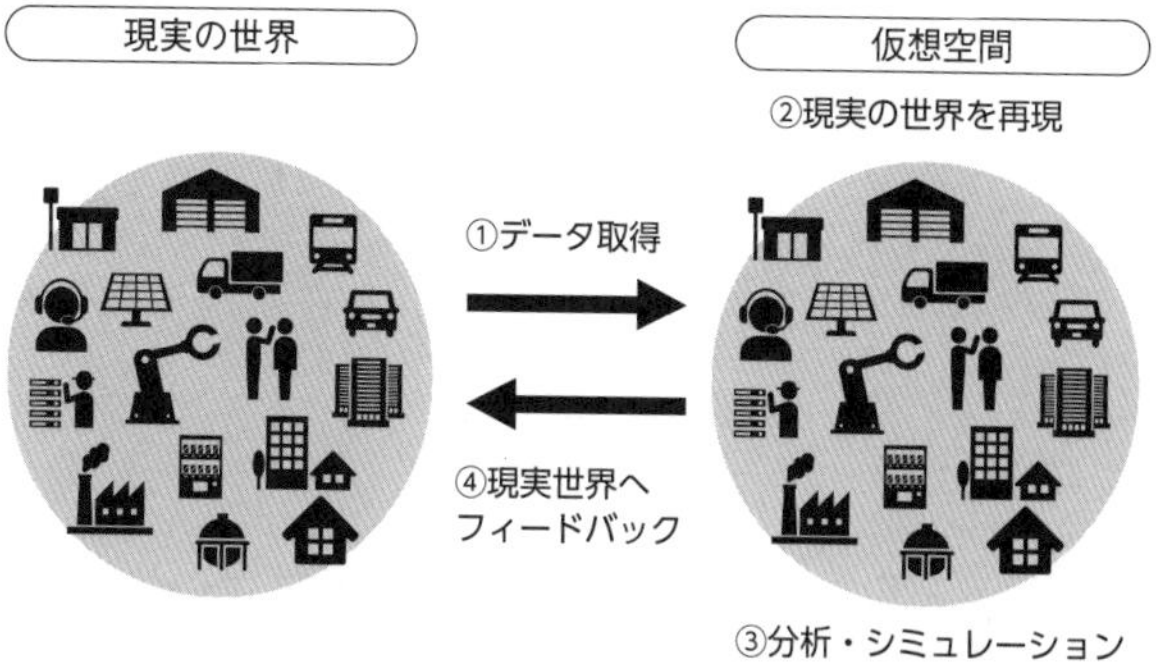

出典：ドコモビジネス ホームページ（https://www.ntt.com/bizon/glossary/j-t/digital-twin.html）の図を基に作成

年代に米国国家航空宇宙局（ＮＡＳＡ）が編み出した「ペアリング・テクノロジー」です。ペアリング・テクノロジーは、月面に配置した機材を地球上にも同じように再現することで、トラブル発生の際に迅速かつ適切に対応できることを目的とした方法論です。実際、１９７０年のアポロ13号の宇宙飛行時に爆発した酸素タンクの遠隔修理指示に活用されています。

デジタルツインとペアリング・テクノロジーとの違いは、ペアリング・テクノロジーが物理的な複製を用意するのに対して、デジタルツインはコンピューターの仮想空間上に複製を構築する点にあります。ＩｏＴや人工知能、仮想現実（ＶＲ：Virtual Reality）、拡張現実（ＡＲ：Augmented Reality）などデジタルテクノロジーの進化により、従来とは比べものにならないほどの解像度で物理空間を再現できるようになったことから、デジタルツインの実現が可能になったのです。

マーケッツアンドマーケッツ社（MarketsandMarkets）が市場調査レポート「デジタルツインの世界市場：2027年に至る用途別、産業別予測」（取り扱い：リサーチステーション合同会社）で、デジタルツインの世界市場規模を2022年では69億ドル、2027年には735億ドルに達するとして、市場での平均年成長率が60・6％になると予測していることから、デジタルツインの市場規模は将来的にも拡大傾向にあります。

また、市場の成長要因を産業別に分析した結果では、製造業においてコスト削減やサプライチェーンオペレーションの改善の視点からデジタルツインが重視されるようになったことや、ヘルスケア産業におけるデジタルツイン需要の高まりにより、同市場がさらに加速すると予想しています。他方で、市場における主な障壁として、デジタルツイン技術導入には高額費用がかかることやサイバー攻撃を受け易いことなどが挙げられています。

このように、製造業やヘルスケアなどの産業を中心として、デジタルツインが今後も拡大傾向にあると予測するのは、デジタルツインの導入によりさまざまな効果や便益の享受が期待できるからです。

たとえば、従来の物作りでは、製品を完成させるまでには何度もプロトタイプを作成したり試作ラインを構築したりする必要があり、そのためにかかるコスト（人員、時間、費用）が大きな負担となっていました。

しかし、デジタルツインでは、一連の試作プロセスを現実の物理環境を反映した仮想空間で行うことができるため、試作に関わる人員の削減や試作期間の短縮、さらには費用負担の軽減も図ることが可能となります。

これに加えて、全体最適化による業務の効率化やリスク低減、品質の向上、予知保全の実現なども期待できるのがデジタルツインの大きな強みであると言えます。すなわち、試作プロセスのみならず、発注、製造、出荷、納品までの製品流通に関わる全ての工程を短縮することが可能となるうえ、仮想空間上ではデジタル化によりシミュレーションが容易に行えることから、リードタイム（所要時間）の短縮を目的としたプロセスの入れ替えや、需要に合わせた人員の再配置、トライアンドエラーによる欠陥の洗い出し、モニタリングによる異常検知と故障の将来予測などが可能となり、全体最適化を図りながら業務効率の向上やリスク低減、品質の向上、予知保全の実現につなげることができるのです。

7．DXを実現するために必要なデータ取得の重要性

企業は、自社のあるべき姿を実現するために変革に取り組みますが、その一方で、世の中の変化に対して迅速に適応し続けるためにも変革は必要となります。DXの本質はまさにその点にありますが、その本質を目指すには、社内に根付いたレガシーシステムを刷新するだけでは十分ではなく、新たなるコアビジネスの創出やグローバル展開を実現するための変革を推進することが必要となります。

それを実現するためには、さまざまなデジタルテクノロジーが存在しますが、中でも重要な役割を担うのが、「データ統合」「人工知能」「クラウド」といった3つの最先端技術で、その基本要素となるのがデータになります。

企業のビジネス活動において、データとしてまずイメージできるのは、社内の基幹系システムが扱う販売や売上などのデータではないでしょうか。これらのデータは、基本的に過去の実績数値などを記録しデータベースとして保存することを目的としたシステムに保管されるもので、クライアント向けの企画書や見積書などもこの類に含まれます。

一方で、顧客が利用するウェブサイトやスマホ（スマートフォン）アプリから収集したデータや、工場内に設置した各種センサーから得られるデータなどＩｏＴ機器が収集するデータに見られるように、リアルタイムで変化する現実世界を反映したデータも存在します。

基幹系システムが扱うデータにしても、ＩｏＴ機器が収集するデータにしても、デジタルツインの実現などＤＸを推進するうえで重要なピースとなります。なぜなら、新たなソリューションを生み出すためには、両方のデータをうまく組み合わせることが必要不可欠となるからです。

たとえば、小売店舗で店先にカメラを設置して撮影した映像をリアルタイムでＰＣに取り込むことが可能になったケースを考えてみると、カメラの設置により、店舗前の通行量に加え入店数などリアルタイムで変化する数値をデータベース化することが可能となります。

これらのデータをＰＯＳレジで収集した売上金額や商品などの各種データと組み合わせれば、人数と売上の関係性などを分析することができ、さまざまなシミュレーションが可能となります。たとえば、週末の地域イベントでは、３０００人の通行量が予測され、入店実績率3％から90名が入店し、A商品の販売個数は実績率からX個程度が見込まれるので、結果として仕入れはY個が望ましいといった具合です。

こうしたシミュレーションは、従来の店主による経験則や勘に頼る商売からデータドリブンによる確実性の高い商売への転換を可能にしてくれることになります。これはデジタルツインでも再現することができ、データに基づく仮想店舗をデジタル空間に構築すれば、さまざまなシミュレーションにより実店舗へのフィードバックが可能となります。

このように考えてくると、DXを進めるうえでデータが極めて重要な役割を果たしていることが分かると思います。特に、IoT機器が取得するデータはリアルタイムで常時収集することになるため、変革のあるべき姿を想定して事前に目的と用途を明確にしておくことが必要です。

なぜなら、目的と用途が明確でないデータは活用されないまま維持・管理されることになるため、必然的にサンクコスト（埋没費用）になるからです。活用の方向性をしっかりとイメージして、時期や分析目的を明確にしたうえで、データの蓄積を始めることが重要となるのです。

8．データ統合の真意は全体最適化にある

蓄積されたデータを有効活用するためには、「データ統合」が必要となります。企業では組織ごとに異なるシステムやソフトウェアを利用していることから、データが分散しているのが当たり前です。その場合、データのフォーマットやラベル名も部署ごとに異なるため、スムーズに連携させることは不可能です。社内にある全てのデータを最大限に活用するためには、組織内に分散しているデータを統合することが重要になります。

データ統合とは、さまざまな種類のデータやデータベースを統合して幅広く活用できるようにする手法です。企業や組織における異なるデータソースの集約は、ビジネスやマーケティング活動によるデータ収集が始まって以来の課題でした。それは、２０１０年代以降のＩｏＴの登場とともにビジネス要件となり、企業はＩｏＴ機器から得られるビッグデータの力を最大限に活用する方法を見つけ出す必要に迫られることになります。

企業内でデータ統合が進まなければ、収集されたビッグデータは各部署でサイロ化（組織や情報が孤立し共有や連携が図れない状態）されて部分最適に留まることになるため、全体最適に基づく戦略能力の発揮や業務能力の遂行が閉ざされることになります。

逆にデータ統合が社内で一元的に進むことになれば、全社的なデータ管理戦略の重要な柱となり得ます。なぜなら、「データ統合管理」が可能となるからです。社内に分散するデータを集約できたその先には、データにアクセスし使い易いシステムを一元的に構築してデータの鮮度や精度を高めながら管理することが可能となります。リアルタイムにデータを集約して精度の高い分析管理が可能になれば、業務の効率性や生産性を高めるだけでなく、新たな付加価値の創造に結び付けるアクションが取れることになります。

データ統合管理には、さまざまな手法が存在しますが、ここでは現在一般的となっている2つの方法を見ていくことにします。

1番目の方法は、「データレイク（Data Lake）」です。データレイクは、収集したデータを一元管理で蓄積しておけるリポジトリ（貯蔵庫）のことで、膨大なローデータ（生のデータ）を扱い易いように泳がせておくことから「Data Lake（情報の湖）」と呼ばれています。

データレイクに貯めておくデータは、形式を揃えて統一する必要はなく、ＩｏＴ機器やウェブサイトなどさまざまなソースから収集したローデータをまとめて入れておくことが可能です。当然ながら、構造化データだけでなく、テキストや画像、動画、音声などの非構造化データの蓄積も可能です。

データレイクの必要性は、データレイクがデータマイニングを可能にする源泉として機能する点にあります。なぜなら、ビッグデータからビジネスに役立つ有用なインサイト（洞察）を新たに発見するためには、ローデータの湖であるデータレイクは欠かせないからです。

2番目の方法は、「データウェアハウス（DWH：Data Ware House）」です。データウェアハウスは、データレイクと同様にビッグデータの蓄積に使用されますが、データレイクがローデータの蓄積に象徴されるように、目的や用途を限定していないのに対し、データウェアハウスは一定の処理を施したデータを目的や用途ごとに整理した状態で保管します。

データウェアハウスは、データに加工や変換を施して目的別に整理して構造化し、検索性を高めながら分析の高速化を図るリポジトリです。「Data Ware House（情報の倉庫）」と呼ばれる所以《ゆえん》はまさにこの点にあり、データを分析し易い状態で保管する倉庫のような役割を担っているからです。

ただ、それは単なるデータの倉庫を意味するのではなく、データウェアハウスを提唱したビル・インモン氏（米国のコンピューター科学者）がデータウェアハウスを「意思決定のため、目的別に編成され、統合された、時系列で、削除や更新をしないデータの集合体」と定義しているように、意思決定を目的とした整然と蓄積されたデータの集合体であると言えます。

こうした集合体としての役割を果たすために、データウェアハウスには3つの機能が備わっています。

1つ目は、データを題目やテーマ（サブジェクト）ごとに整理する機能です。データウェアハウスに蓄積されるデータは、さまざまな基幹系システムから集約されますが、システムごとに整理された状態では集約した意味がないことから、商品や顧客などサブジェクトごとに整理する必要があります。

たとえば、顧客ごとに整理する場合、全ての基幹系システムの顧客データがまとめられた形で出力されます。これにより、顧客のデータがデータソースの違いを超えてひとつのまとまったデータ集団となることから、システム横断的な大規模なデータ分析の実現が可能となります。

2つ目は、データ統合の機能です。さまざまな基幹系システムから集められたデータは内容や保存形式が異なることから、一元管理するためにはそうした差異を解消する必要があります。

たとえば、同一店舗が2つの異なる名称で登録されていれば、実際にはひとつしか存在しない店舗がデータ上では複数存在することになり不都合が生じます。また、取引先の会社名が、会社名の他に「取引先」としてデータ登録されていれば、同じ会社を指しているのに別の項目として扱われることになり分析精度が低下することになります。

こうした問題を解決するのがデータ統合になります。重複の削除や表記の統一などにより、データの整合性を高めることで、分析精度の向上につなげることが可能となります。

3つ目は、データを時系列で整理する機能です。通常のデータベースで重視されるのは最新データですが、データウェアハウスでは、現在のデータだけでなく過去のデータも詳細な履歴データとして保存し時系列に整理して分析に生かします。

たとえば、アパレル業界ではシーズンごとに値引きのタイミングが収益の良し悪しを左右することになりますが、顧客の購買に関わるビッグデータを時系列に蓄積して整理することで定点観測が可能となります。過去の詳細な購買履歴から割引率を算出し、社会事象などとの相関を見極めることで、どの時期にどの程度の値引きを段階的に行うべきかといった最適な値引きプランをシミュレーションすることが可能となります。こうしたシミュレーションは、自社に収益の最大化をもたらす意思決定支援となり得るのです。

このように、時系列に保存された詳細な履歴データは、意思決定者に過去のトレンドや課題からインサイトや気づきを与えてくれることになるため、ビジネスの継続的な改善だけでなく将来予測にもつなげることができます。

データウェアハウスは、社内のさまざまな基幹系システムに散在するデータを集約し一元管理することで、システム横断的な大規模なデータ分析を可能にすることから、効果的なマーケティング戦略の立案から新製品開発戦略の策定に至るまで、さまざまな分野で活用されています。

このように見てくると、データ統合管理は、まさにＤＸを実現するための基盤と考えることができます。なぜなら、ビッグデータを社内横断的に統合して一元管理することにより、データドリブン型経営やプラットフォームの構築、さらには、ケイパビリティの創出に適した環境を創り出すことができるからです。

9．データ解析の精度を左右する人工知能

人工知能は、ビッグデータを解析して将来の予測や適切な判断を提示してくれるだけでなく、人間が思いつかないインサイトや気づき、さらには新規ビジネス創出の手がかりなどを示して人の意思決定を支援してくれることから、ＤＸを進めるうえで必要不可欠な構成要素と言えます。人工知能を活用したサービスは、既に音声認識や画像認識、自然言語処理など多岐にわたり実用化されています。

人工知能とは、人工的に作られた人間のような知能もしくはそれを作り出す技術として捉えることができます。ここで言う人間のような知能とは、人間のように知的に考えることができるコンピューターを指します。コンピューターが知的に考えるプロセスを技術的に捉えると、ビッグデータの中から「特徴量」を生成し現象をモデル化することになります。

それは、グーグルの検索エンジンを考えてみれば理解できます。検索エンジンには、ウェブ上にあるウェブページのテキストを扱うことのできる自然言語処理の技術と、サ

ンプルとなるデータを基にして知識やルールを学習する「機械学習（machine learning）」のアルゴリズムが使われています。

当然ながら、検索エンジンによる予測には高い精度が求められますが、それを左右するのが機械学習の入力に使う変数になります。この変数に何を選ぶかで予測精度が大きく異なります。この変数こそが特徴量であり、グーグルはデータの中のどこに注目するかという視点で、検索エンジンの特徴量を日々改良しながら予測精度を高めています。

このグーグルの検索エンジンの例でも分かるように、機械学習では、特徴量を何にするかは人が決めなければなりません。それゆえ、人による特徴量の設計の良し悪しが、機械学習がうまく動くか否かを左右することになります。人の手を介するという点は、飛躍的な予測精度が期待できないばかりか、何よりも人工知能の実現を妨げる大きな要因となります。

この点を飛躍的に前進させたのが、２０１０年代以降急速に普及した「深層学習（deep learning）」です。深層学習では、音声や画像などの領域においてデータを基にコンピューター自らが特徴量を作り出します。その手法は、まず、コンピューター自らが簡単な特徴量を見つけ出し、それを基に高次の特徴量を見つけ出します。そのうえで、そうした特徴量を使って表されるモデルを獲得し、そのモデルを使って知識を表記するというプロセスを採ります。

深層学習は、必要な特徴量を見つけ出す能力と特徴量を使ったモデルを獲得する能力をコンピューターが兼ね備えるようになったという点で、人工知能の原型として位置づけることができます。これらの能力は、現在、音声や画像、自然言語の領域に限られますが、その稼働領域が拡大し人工知能のアルゴリズムがあらゆる分野で実現することになれば、与えられた予測問題を人よりもより正確かつ迅速に解くことが可能となります。

人工知能のアルゴリズムが、将来的にロボットに組み込まれ言語概念を理解することができるようになれば、さまざまな分野で人間の労働力の代替となり得る可能性は広がります。また、ビッグデータを保有する企業が、高いレベルのアルゴリズムを獲得することになれば、他の企業もそうした企業にデータを提供せざるを得なくなります。

なぜなら、そうした企業は、特徴量を見つけ出す能力と特徴量を使ったモデルを獲得する能力を使って、さまざまな種類のアプリケーションを生み出すことができるからです。結果として、そうした一部の企業だけが市場を席巻するようになるため、市場は独占化の方向へと進むことになります。

現在、人工知能に関連する事業は、米国を始めとした先進国において音声認識や画像認識の領域を中心に増加傾向にありますが、いずれもビッグデータ活用の延長線上で人工知能が浸透しつつあるという状況です。

社会生活の中で、人類が高いレベルのアルゴリズムを獲得することが可能になれば、これまで人により組み込まれていた学習や判断が、グローバルレベルで必要な場所に分散して設置できることになるため、よりよい社会システムを構築することが可能となります。

ラボラトリーオートメーション

人工知能は、業務の効率化やコスト削減に留まらず、革新的な製品を生み出すための中核技術になりつつあります。人工知能を活用した研究開発プロセスの自動化は、医薬を始めとして、化学や食品など製造業を中心に広がりを見せています。

人工知能やロボットを活用した研究や実験を自動化する取り組みは、「ラボラトリーオートメーション（laboratory automation）」として知られていますが、従来人手に頼ってきた研究開発の在り方を変える可能性を秘めています。

医薬品業界では、新薬の開発プロセスを自動化するために人工知能が活用されていいます。一般的に、ひとつの新薬を生み出すには、9年から17年の期間と数百億円から1千億円程度の投資が必要とされ、その成功確率は約3万分の1と極めて低く、開発には膨大な試行錯誤が繰り返され、労働集約的な作業が多いというのが実態です。

こうした人手による作業を人工知能の導入により自動化することで開発期間の短縮を実現することに成功しています。

たとえば、アステラス製薬では、画像解析技術やロボットを使った独自システム「Mahol-A-Ba（まほらば）」を活用して、アジャイルな創薬研究を実現しています。この名称は、日本の古語「まほろば（理想郷）」にちなんでおり、「Maholo（ロボットの名）」を活用したアステラス（A）のプラットフォーム（場＝Ba）という意味が込められています。

Mahol-A-Baは、人、人工知能、ロボットの三者が協働する新しい医薬品創製プラットフォームで、病気の原因となる標的分子に結合し易い化合物（ヒット化合物）から、医薬品としての適性を高めた化合物（医薬品候補化合物）取得までの期間を、従来に比べ最短で70％短縮することに成功しています。

具体的には、創薬の各工程は人工知能とロボットを活用して進め、要所で研究者がアイディアや総合的判断などの価値を加える仕組みを採ります。すなわち、ＡＩによる化合物の構造設計（Design）、ロボットによる化合物の自動合成（Make）、ＡＩによる化合物の薬理作用などの評価（Test）、ＡＩによる化合物特性の解析と予測（Analyze）を経て、その結果から次のより良い化合物を設計するというＤＭＴＡサイクルを回すことで、創薬スピードを飛躍的に向上させています。

世界的な金融機関グループであるモルガン・スタンレーの調査では、人工知能を応用した創薬は、今後10年間で数十の新薬と５００億ドル（約６・８兆円）の市場を生み出す可能性があると予測していることから、創薬市場の成長性が見込まれ競争環境が激化する将来において、こうしたプラットフォームの構築は競争力を高めるうえでも極めて重要な開発基盤となり得ます。

人工知能を活用した研究開発の自動化は、化学産業にも広がっています。旭化成は、人工知能などで材料開発の効率を高める手法として、「マテリアルズ・インフォマティクス（ＭＩ）」を独自に構築してアジャイルな素材開発を実現するに至っています。

ＭＩは、化学産業のようなプロセス系の製造業における製品設計にビッグデータや人工知能などのデジタルテクノロジーを活用して、材料開発の効率を向上させる取り組みです。機械学習が膨大な数の論文や実験結果を解析して材料の製造方法を予測してくれるため、データドリブンでアジャイルな材料開発の実現が可能なことから、ＭＩは材料開発のＤＸ化と位置づけることもできます。

従来、材料開発のプロセスは、技術者の知識や経験などに依存していました。ニーズに対して理論計算を行い、実験を繰り返しながら材料を試作し物性評価して検証するという一連の開発プロセスは全て人手によるものだったため、ひとつの材料開発には数年から10年以上の期間を要していました。

しかし、コンピューターにより原子配列のような物性の特性を計算させたり、機械学習により論文データや過去のシミュレーション結果を分析させたりすることで、材料探索の自動化が図られたことから、材料開発期間を劇的に短縮するに至りました。

旭化成がＭＩのＰｏＣ（概念実証）を始めたのは２０１７年になります。ここで言うＰｏＣとは、新しい手法などの実現可能性を見出すために試作開発に入る前の検証を意味します（ＰｏＣについては第2章の戦略編で詳述します）。

翌年には、ＭＩでポリエチレンの原料の製造に必要となる高性能な触媒の開発に成功し、初めて成果を挙げることになります。ポリエチレンなどの製造においては、投入した原料の100％が製品になっているわけではなく、その割合は化学反応を促進する触媒の性能に左右されることになります。

性能の高い触媒の組成や触媒を合成する条件などを見つけ出すプロセスは、従来、研究員が過去の論文や実験結果を参考に実験と評価を繰り返すという、人の知見や経験に頼ったアプローチが採られてきましたが、データドリブンによる実験結果の予測が可能な機械学習モデルを開発して、MIを活用したアプローチへの置き換えが可能となりました。

これにより、通常の人による触媒開発にかかっていた5～10年の開発期間が、約半年という短期間に縮小されることになります。

こうしてMIは成果を挙げたことから、旭化成はMIの取り組みを全社的に推進する方針を固め、2020年に発表した中期経営計画ではMIをDXの一環として強化することを明言し、MI人材の育成を順調に進めながら、今ではほぼ全ての材料開発にMIを活用し革新的な素材を開発するに至っています。

10．クラウドはDX実現のためのキーテクノロジー

クラウドは、インターネットなどのネットワークを経由して、ユーザーにサービスを提供する形態を指しますが、DX実現においてその中核を担う重要な技術要素と位置づけることができます。既存システムをクラウド化することの重要性について、オンプレミスと比較して考えると、その理由は以下の3つになります（図表5）。

1つ目は、導入後すぐに始めることが可能な点です。従来、企業では自社のサーバーでデータ運用や管理を行うといったオンプレミス型のシステム構築が主流でした。このオンプレミスの場合、システムをゼロから設計し開発していくことになるため、利用開始までに数ヶ月の期間を要することになります。

しかし、クラウドでは既に完成されているサービスを利用することになるため、導入後すぐに始めることが可能となります。DXの本質は、世の中の変化に対して迅速に適応し続けるための変革をなすことにあるため、クラウドの導入により迅速に社内のシステム環境を整えられるのは、大きなメリットと言えます。

2つ目は、運用・保守にかかる負荷を軽減できる点です。オンプレミスの場合、サー

【図表5】クラウドとオンプレミスとの比較

項目		オンプレミス	クラウド
導入までの期間		長い	短い
費用	初期	高額	低額
	月額	固定費	変動費
運用・保守		困難	容易
カスタマイズ		自由	制限される場合がある
自社システムとの連携		容易	制限される場合がある
災害時の復旧		困難	容易
資産軽量化		困難	容易

バーの運用やメンテナンスなどを行うためには、それに充てる人員や費用を自社で負担する必要があるうえ、システムに問題や故障が発生した場合には、さらなる運用負荷がかかることになります。

しかし、クラウドを利用すれば、運用・保守のみならず有事の際にも、クラウドベンダー（クラウド提供事業者）が全て対応してくれることから、運用・保守に関わる一連の負荷を軽減できるうえ、人件費などの固定費を削減することも可能となります。

3つ目は、柔軟なカスタマイズが可能になる点です。自社でゼロからシステム設計や開発を行うオンプレミスでは、一度構築したシステムをカスタマイズすることは、新たな要件定義や検証などを行ってシステム全体の構成を見直さなければならないことから容易ではなく、リードタイムやコスト負担の面でリスクが伴うことになります。しかし、クラウドを活用したカスタマイズであれば、迅速かつ柔軟な対応が可能になります。

このように、新たなビジネスに必要なシステム基盤を迅速に立ち上げ、運用・保守にかかるコスト負担の軽減を図り、柔軟なカスタマイズを行うためには、オンプレミスではなくクラウドを活用した方が合理的で現実的な選択肢であると言えます。

3つのクラウド導入形式

それでは、クラウドを活用するにあたり、どのような導入形式があるのでしょうか。主な実装モデルの形式は、次の3つの方法に集約されます。

1つ目は、「パブリッククラウド」による導入です。パブリッククラウドとは、企業や個人など他の利用者と共同利用するクラウドサービスを指します。サーバーなどのリソースを共有して使うため、利用にかかるコストが抑えられる反面、クラウドベンダーが提供する環境をそのまま利用する必要があることから、柔軟なカスタマイズを行うことが難しく自社のセキュリティ要件を必ずしも満たすことができないという難点があります。

2つ目は、「プライベートクラウド」による導入です。プライベートクラウドは、自社専用でクラウド環境を構築し運用できる形式で、パブリッククラウドのように、外部のサーバーやソフトウェアを利用する点では同じですが、アクセスできるのが自社や関係者のみに限られるのが異なる点です。

プライベートクラウドには、「オンプレミス型プライベートクラウド」と「ホスティング型プライベートクラウド」の2種類があり、前者がクラウド環境を自社内に構築するのに対し、後者はパブリッククラウドの一部を自社専用サーバーとして使用します。どちらのタイプもカスタマイズを自由に行うことができ、自社の業務に合わせたシステム構築が可能なことから、より柔軟な運営を実現できる一方で、パブリッククラウドに比べ初期費用や運用コストが高くなるという難点があります。

3つ目の導入形式は、「ハイブリッドクラウド」です。ハイブリッドクラウドとは、クラウドとオンプレミスとを組み合わせて、統合されたネットワーク基盤を構築できる形態で、複数のベンダーが提供するサービスをシームレスにつなぎ合わせられるのが特徴です。

それゆえ、パブリッククラウドとプライベートクラウドをミックスさせて使いたいと考えている企業や、自社の基幹系システムとクラウドを連携させたいといったニーズを持つ企業に適しています。

たとえば、インターネット上に公開するウェブサーバーなどの情報系システムはパブリッククラウドで、また、機密性の高いデータを扱う業務の基幹系システムはオンプレミスで、それぞれ構築して運用するというパターンが考えられます。

このように、ハイブリッドクラウドは、必ずしも単一の導入形態を採用する必要がないことから、既存システムを活用しながら、コストを大幅に抑えることが可能になります。

クラウドのサービスモデル

クラウドサービスは階層構造になっており、クラウドベンダーが運用管理する範囲、すなわち、提供するサービス範囲によって名称が異なり、以下の3つのサービスモデルが存在します（図表6）。

1つ目は、「Infrastructure as a Service（ＩａａＳ：イアース）」です。これは、クラウドにあるネットワークやサーバーなどのインフラ機器をインターネット経由で利用できるサービスです。クラウドベンダーが管理するインフラ上で、ＯＳを含む任意のソフトウェアを自由に動かすことが可能です。アプリケーションやミドルウェア、ＯＳはユーザー側で用意する必要がありますが、設計の自由度は高くなります。

2つ目は、「Platform as a Service（ＰａａＳ：パース）」です。クラウドにあるプラットフォームをインターネット経由で利用できるサービスです。ここで言うプラットフォームとは、アプリケーションを稼働するためのネットワーク、サーバー、ＯＳ、ミドルウェアなどで、ユーザーはこれらのプラットフォーム上で開発を行うことができます。ユーザーはプラットフォームを管理することはできず、ユーザー自身が実装したアプリケーションのみを自由に設定できることになります。設計の自由度はＩａａＳより低くなるものの、自社サービスに必要なシステムを構築するための時間や手間を短縮することができます。

3つ目は、「Software as a Service（ＳａａＳ：サースもしくはサーズ）」です。クラウドにあるアプリケーションをインターネット経由で利用できるサービスです。ユーザーは

【図表6】クラウド事業者が運用管理する範囲

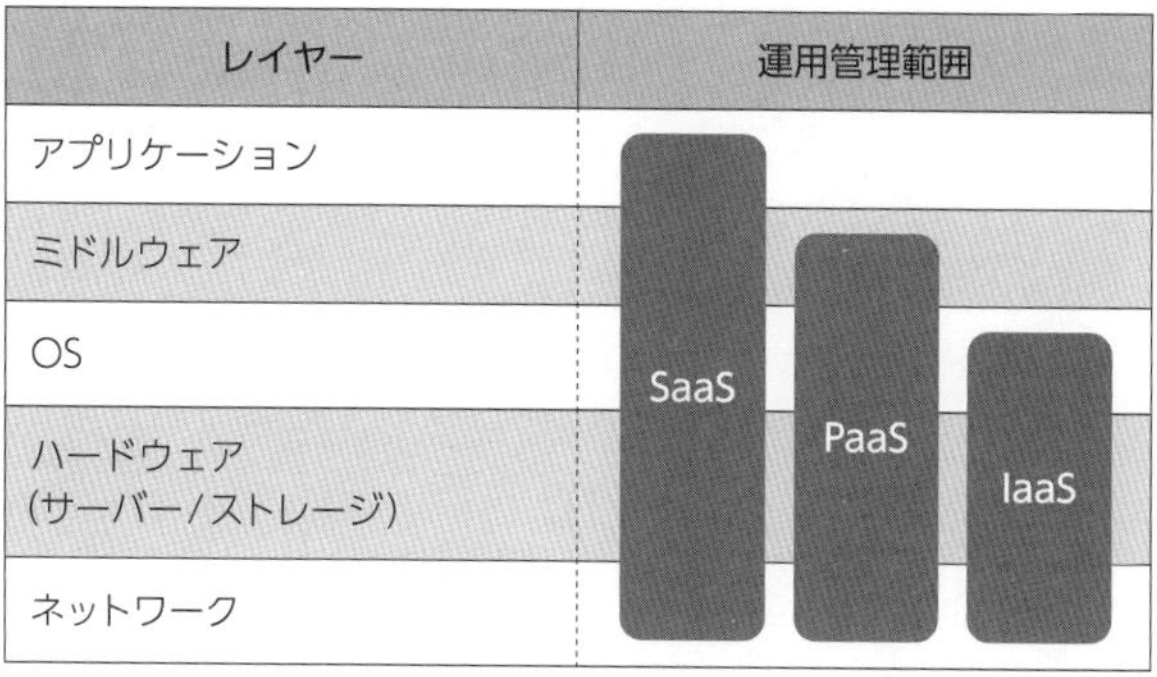

ネットワークからアプリケーションに至るまで一切の機能を管理することはできず、あくまでもアプリケーションの機能だけを利用するに留まります。

アプリケーションのアップグレードやアップデートはクラウドベンダー側で全て行うことから、ユーザーは常に最新機能を利用できます。一定の設定変更は可能ですが、設計の自由度はＰａａＳよりさらに低くなるものの、システム構築に必要な時間や手間を最小限に留めることができます。

それでは、ビッグデータや人工知能を活用して、ＤＸを進めていきたいと考える企業にとって、いかなるサービスモデルが望ましいのでしょうか。

その前提として、まず考慮しなければならないのはデータの特性です。先述したように、世界のデジタルデータの総量の約８割を占めるのは、テキスト

【図表7】オンプレミスとクラウドサービスの比較

項目	オンプレミス	SaaS	PaaS	IaaS
①構築の容易さ	×	◎	○	△
②経済性	×	◎	◎	○
③設計の自由度	◎	△	○	◎

や画像、動画、音声といった非構造化データです。企業では、日常業務で生成され扱われるデータの大部分を占めることから、こうしたデータベースでは扱いにくい非構造化データの活用をオンプレミスで行うことは実質的に不可能に近く、クラウドでの活用が現実的な選択肢であると言えます。

そのうえで、クラウドを有効活用するにあたり、どのサービスモデルを選ぶかは、「構築の容易さ」「経済性」「設計の自由度」といった3つの視点で比較することで明確になります（図表7）。

構築の容易さと経済性の両面で最も効用が高く、時間と手間を最小限に留めることのできるSaaSの導入がDX推進の初期段階では望ましく、顧客ニーズを見極めながら必要に応じて設計自由度の高いIaaS上での本格開発を組み合わせて行うのも選択肢のひとつになります。

第2章　企業の「全体最適」を達成するための戦略論【戦略編】

1．企業をエージェントとして捉える

企業経営の根幹となる経営資源は、従来、「人」「物」「金」の3つで考えられてきましたが、1990年代初頭のインターネットの商用化とともに「情報」の価値が高まり、その重要性が企業や組織でも認識されるようになったことから、情報は4番目の経営資源として位置づけられるようになりました。

企業を、情報を処理する主体、すなわち「エージェント」として捉えた場合、情報の「入力」と「出力」の流れは、時代を超えて変化してきたことが分かります。

従来は、顧客や経営に関わる情報が現実の物理世界において単純にマーケティングやオペレーション戦略に生かされるといったように、企業や組織が収集して活用する情報の流れは、入力と出力が垂直方向に閉じたものでした。

しかし、検索や通販サイトなどオンラインによる情報サービスが普及するにつれて、情報の検索や比較が制約無しに自由にできるようになったことから、情報の適用が特定の領域内に留まらず領域の垣根を越えて行えるようになりました。

こうした情報の流れは、領域をまたいで行われることから、入力と出力が水平方向に広がることになり、より適切な知見を他の領域にも活用することが可能となります。この水平方向への流れにより、企業はマーケティングや事業活動においてより広範な戦略オプションが採れるようになりました。

こうした水平方向へ流れる情報の源泉がオンラインによる情報サービスに留まらず、ＩｏＴ機器からも収集できるようになったことからビッグデータの活用が可能となり、企業は自社を取り巻くさまざまな環境や変化を捉えられるようになったというのが現在の状況です。

あらゆるＩｏＴ機器から抽出されるデータはさまざまであり、こうした玉石混淆のビッグデータを人工知能が解析することで重要かつ核心的な特徴量を見極めることができ、企業はそれを商品開発や事業戦略など意思決定に生かすことが可能になったのです。

情報の水平方向の流れを質と量の両面でさらに向上させることができれば、より顧客が欲しいと思う製品やサービスを適切に届けられるようになり、そうした顧客の変化に加え社会環境の変化への対応力も極めて早くなるのです。

2．企業経営におけるDX推進のための課題

情報の水平方向への流れをうまく活用するということは、データドリブンによるDXをいかに進化させるかということになりますが、企業では、経営戦略や組織、文化、人材、スキル、資金、モチベーション、既存システムなどの課題が障害となり、なかなかうまく進まないというのが現状です。

それは、2022年発表の、日本経済社が日本経済新聞社と共同で行った「企業のDX推進動向調査」でも明確に示されています。本調査では、顧客や社会のニーズを基にした製品やサービス、ビジネスモデルの変革を示す「攻めのDX」と、業務そのものや組織、プロセス、企業文化、風土の変革を示す「守りのDX」の2つにDXを分類し、この2つの側面から企業のDX推進の進捗や課題を明らかにしています。

具体的に見ていくと、まず、現在最も取り組みが進んでいるDXの課題は、守りのDXのひとつである「業務効率、生産性の向上（働き方改革など）」（40・4%）で、その後

に、攻めのＤＸである「ビジネスモデルの改革や開発」（34・9％）や「既存製品やサービスの価値向上」（34・2％）が続きます（図表8）。

また、ＤＸ推進の障壁として上位に挙がったのは、「投資効果がわからない」（攻めのＤＸ：26・8％、守りのＤＸ：24・1％）、「課題が明確化していない」（攻めのＤＸ：25・3％、守りのＤＸ：22・4％）、「予算がない」（攻めのＤＸ：24・6％、守りのＤＸ：21・9％）の3つで、どの項目も攻めのＤＸのポイントの方がやや高い傾向にあります（図表9）。

さらに、攻めのＤＸと守りのＤＸに取り組んでいる企業のうち、成果を挙げられたと実感できているのは全体の4割に留まるという結果が出ています。また、成果の実感は従業員規模の大きさに比例しており、小規模な企業では取り組んでもなかなか成果を挙げることが難しいことも判明しています（図表10）。

これらの結果から判ることは、現在企業は、攻めのＤＸから守りのＤＸに至るまで広範囲にＤＸに取り組んでいるものの、成果を挙げられたと実感できている企業の割合は、実施企業5社当たり2社程度と少なく、その成果の実感は従業員規模の大きさに比例しており、小規模企業になるに従って成果を挙げることが難しくなるということです。

成果の実感はＤＸ推進の障壁に直結していることから、ＤＸの成果をより多くの社員に実感してもらうためには、「投資効果の定量化」や「課題の明確化」が図れるか否かが重要なポイントになります。

なぜなら、それが社員のモチベーションにもつながることになるからです。ただ、その際に重要なのは、マクロレベルではなくミクロレベルにもそれを落とし込まなければならないという点です。

たとえば、投資効果の定量化として、ＲＰＡ導入による業務改善により経常利益が３割増えたことを示せたとしても、それは必ずしも社員のモチベーション向上には直結しませんが、ＲＰＡのリスキリングに取り組む社員が年収を１・５倍に増やせたと実感できれば、社員への直接的なモチベーションの醸成につながることになります。

業務効率や生産性の向上といった取り組みは、投資効果の定量化や課題の明確化が比較的し易いと言えますが、既存ビジネスの拡大や新たな事業の開発による競争優位の確立に関わる変革は、投資効果を予測したり課題を明確化したりすることが難しい取り組みになります。

そのため、社内の稟議が通らず決裁が進まない、予算化に目処が立たない、さらには推進する人材も不足しがちであるという状況が生み出されているのも事実です。そうし

【図表8】DX課題への取り組み状況

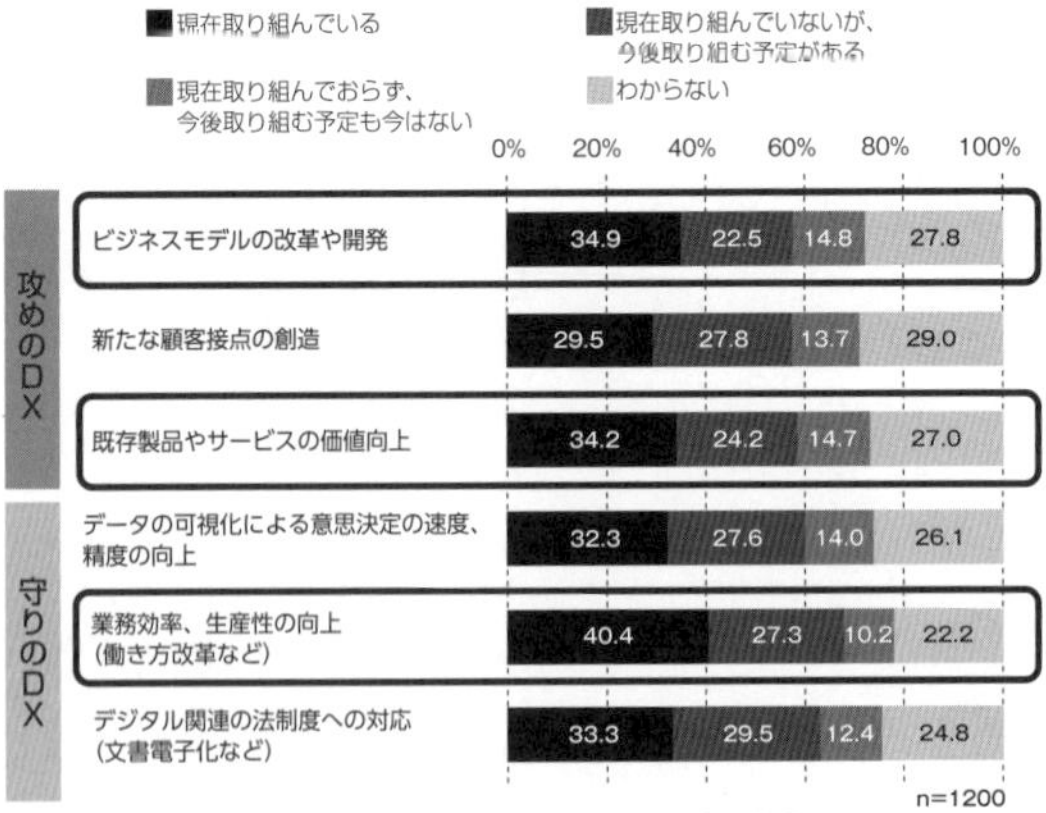

出典：日本経済社「企業のDX推進動向調査 2022」を基に作成

【図表9】DX推進にあたっての障壁

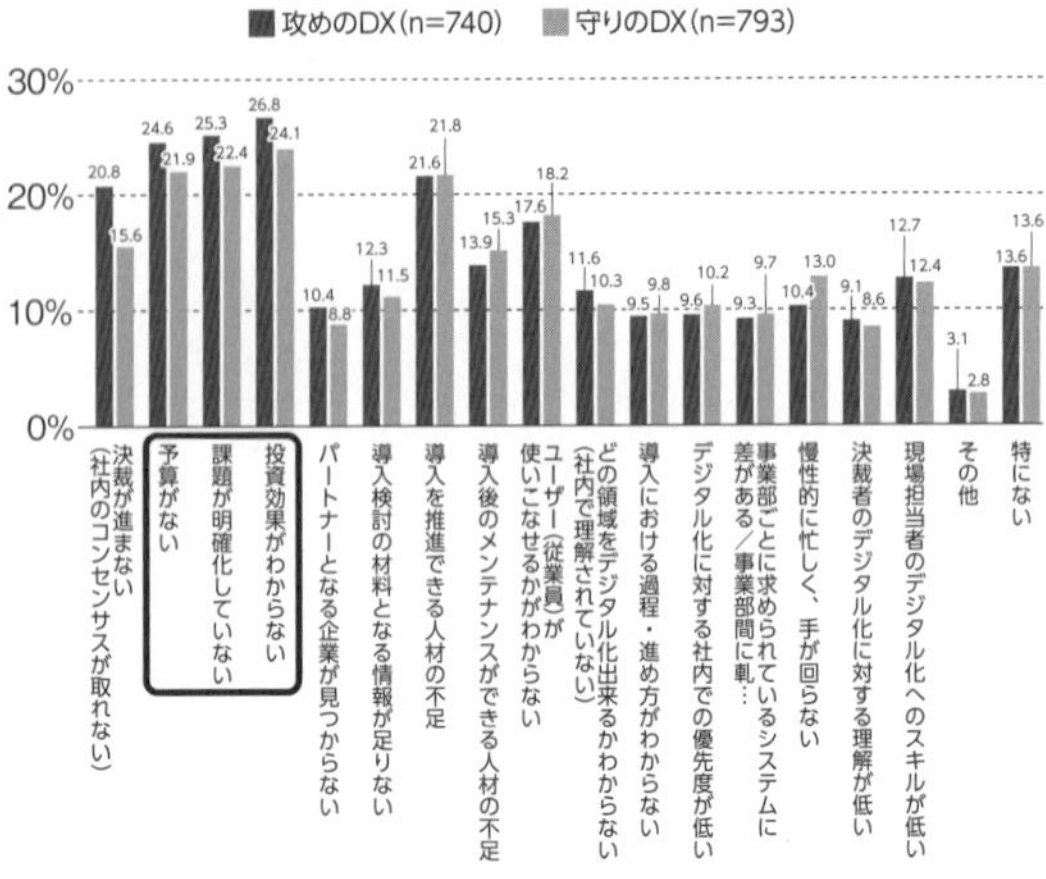

出典：日本経済社「企業のDX推進動向調査2022」を基に作成

【図表10】

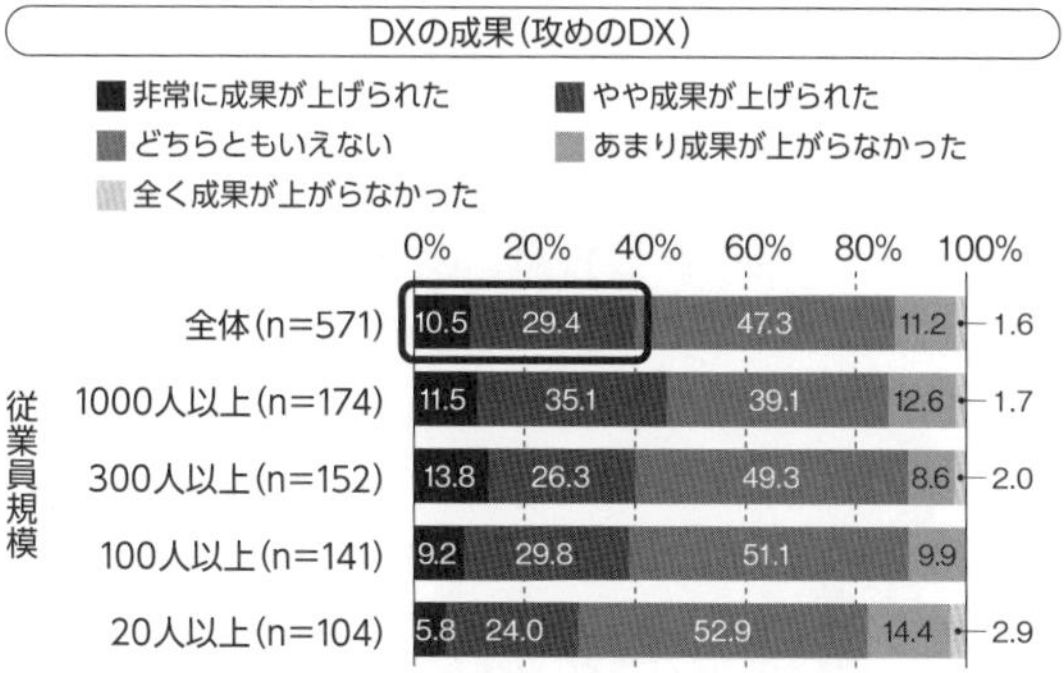

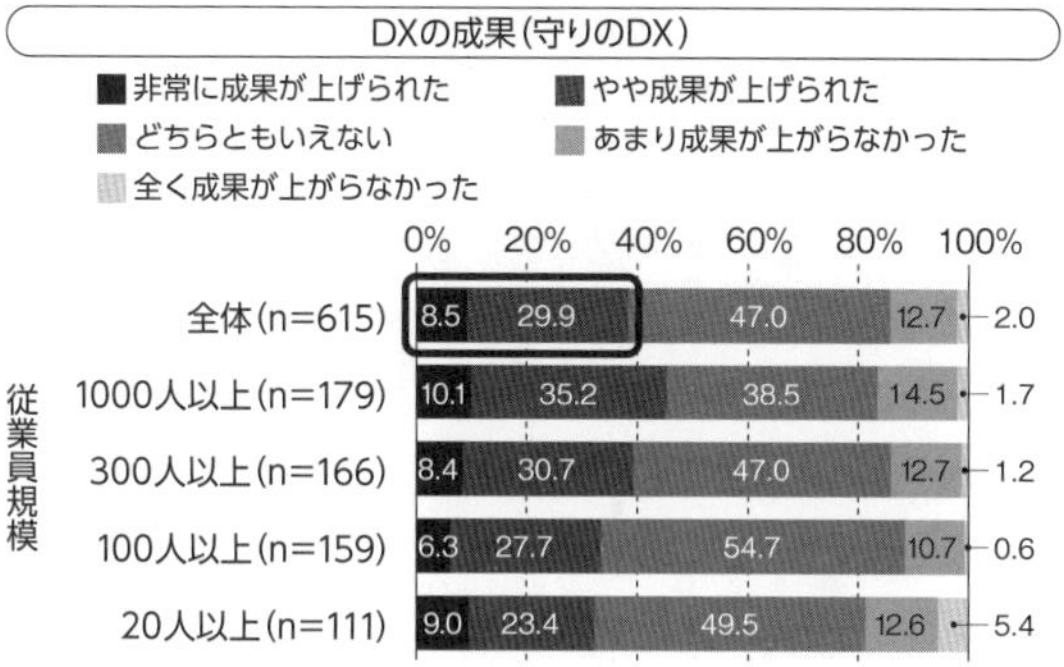

出典：日本経済社「企業のDX推進動向調査2022」を基に作成

た状況を回避してＤＸを前に進めることが必要で、適切なアプローチのもとにＤＸに着手することができれば、期待する投資効果や業務効率化を図ることが可能となるのです。

3．ＤＸによる全体最適化を図るために必要な戦略

それでは、企業がＤＸを推進して全体最適化を図るためには、どのような戦略的アプローチが求められるのでしょうか。

その前提として必要となるのが、明確なビジョンの策定です。ビジョンには、何を目指し、どのようにしてそれを達成するかといった具体的な道筋が必要となります。つまり、自社が思い描く「あるべき姿」とは何か、また、そのあるべき姿はどのようなプロセスで達成していくのかといったことを明確にする必要があります。

ＤＸによって全体最適化を図るうえで、あるべき姿を明確にすることが重要である理由は、以下の３つに集約されます。

１つ目は、方向性の確保です。あるべき姿は、ＤＸを成し遂げるうえで企業がどのような方向性を持つべきかを示してくれます。企業は目標を達成するために必要な戦略や行動計画を策定し易くなるうえ、社員にも共有し易くなり共通認識により足並みを揃え

ることができます。

2つ目は、モチベーションの確保です。経営者やDXに携わる人たちだけでなく社員にとっても、あるべき姿は重要な意味を持ちます。方向性が明確になれば、社員は自分たちが取り組むDXがどのような目的を持ち、どのような価値を生み出すかを理解し易くなります。結果として、自分たちの役割に自信を持ち、仕事に取り組む動機付けが高まることになります。

3つ目は、リーダーシップの確保です。企業は、DX実現のための新たな技術や戦略を取り入れることができれば、競合他社よりも先に行くことが可能となり、業界でのリーダーシップが取り易くなります。

4つの戦略的アプローチ

企業があるべき姿を明確にしたうえで、DXを推進して全体最適化を図るためには、次の4つの戦略的アプローチが求められます。

1つ目のアプローチは、「エクスペリエンス戦略」です。エクスペリエンス戦略では、カスタマーエクスペリエンスの視座に立った戦略的アプローチとして、顧客体験を最適化することが目的になります。顧客体験の最適化には、顧客が製品やサービスを購入するために必要なプロセスを単純化することや、顧客のニーズに合わせた個別化されたサービスを提供することも含まれます。デジタルテクノロジーを活用することで、顧客が求めるカスタマーエクスペリエンスを提供することが可能となります。

2つ目は、「データドリブン戦略」です。データドリブンとは、データとロジックに基づく意思決定を指します。具体的には、必要となるデータを収集してアルゴリズムなど、判断するための最適なロジックを用いてデータ主導型で意思決定を行うことですが、ここでの意思決定には、データ解析による新たなる知見の発見も含まれます。

人間による意思決定には認知バイアス（直感や先入観により物事の判断が非合理的になったり認識が偏ったりすること）が働くことから、正確性や迅速性の面で課題が残りますが、データドリブンではこれらの課題を排除することが可能です。デジタル化3・0を実現している多くの企業は、適切な投資を行うことで独自のデータドリブンを構築しています。

データドリブン戦略では、データ駆動による意思決定を重視した戦略的アプローチとして、社内で生まれるデータや情報に留まらず企業がＩｏＴ機器などから収集したビッグデータを整理、分析し活用することで、ビジネスの効率化や収益の最大化を目指すことが目的となります。

データを分析した結果を経営陣や従業員に共有して意思決定に生かすことは大切ですが、データの品質が悪いと意思決定に誤りが生じる可能性があることから、データの品質やセキュリティを常に確保することも重要です。データ分析やＡＩ技術を活用することで、ビジネスプロセスの最適化に加え新製品やサービスの開発につなげることが可能となります。

３つ目は、「ヒューマンスキル戦略」です。ヒューマンスキル戦略では、ヒューマンスキルに焦点を合わせた戦略的アプローチとして、ＤＸを推進するために必要となる社員のスキルや能力の最適化を図ることが目的となります。

ヒューマンスキル戦略を進めるためには、スキルマッピングの実施により社員の現在のスキルと能力のマッピング結果から、新たにどのようなスキルが必要になるかを明確にする必要があります。また、そのためのトレーニングメニューや個々の社員のレベルに合わせたプログラムを開発しスキルアップを図ることが必要です。

さらに、ＤＸにより生まれる新たな役割や責任に対して、必要となるスキルや能力を明確にして社員にチャンスを与え成長を促すことも重要で、そうした変化を社員が受け入れられるようエンゲージメントを高める方法を探すことも大切です。

4つ目は、「アジャイル戦略」です。アジャイル戦略では、アジャイルな開発手法を基本とする戦略的アプローチとして、社会やビジネス環境の変化に対応するために、迅速かつ柔軟な開発を行えるよう組織の最適化を図ることが目的となります。

アジャイル戦略は、異なる部署や専門分野のメンバーにより構成されるクロスファンクショナルチームを編成し、短いイテレーション（一連の工程を短期間で繰り返す開発サイクル）で開発を進めることを特徴としています。そのため、開発ではチームワークが極めて重要になることから、スムーズな開発の障害となるような組織文化の変革も求められることになります。

これら4つは、いずれもDXによる全体最適化を図るうえで必要不可欠な戦略的アプローチです。顧客体験、データ駆動、人材育成、組織編成を中心として、さまざまな視点から戦略性を高めながら、あるべき姿を構築していくことが求められるのです。

それぞれの戦略的アプローチを実行するデジタルテクノロジーは現在多数存在しますが、その中でも、近年実用化が期待できるもの、今後キーテクノロジーとなるものについて、次節以降で取り上げて、その便益や価値を検証してみたいと思います。

4．エクスペリエンス戦略として機能する「ローカル5G」

現在、DX実現のための戦略ツールとして注目されているのが「ローカル5G」です。ローカル5Gとは、地域や産業のニーズに応じて企業や自治体などの組織が個別に利用できる第5世代移動通信システム（5Gネットワーク）です。ローカル5Gは、ネットワークの最適化を図ることで、顧客が求めるカスタマーエクスペリエンスを高めることが可能となります。

海外では、「プライベート5G」と呼ばれ、その制度的枠組みをドイツが最初に打ち出し、米国、フランス、英国などでも既にサービスの利用が開始され活用が進んでいます。後述するように、「プライベート5G」という用語は日本では別の意味で使用されていることから、本書では、解釈の齟齬を避けるため、海外で展開されるプライベート5Gもローカル5Gと表現することにします。

日本では、総務省によるローカル5G制度が2019年12月より開始され、申請により個別に免許が付与されることで、自組織の建物内もしくは敷地内での利用を基本としたローカル5Gサービスの利用が可能となりました。

5Gサービス（「キャリア5G」もしくは「パブリック5G」）が、移動体通信事業者（通信事業者）が全国で展開する均一で画一的なサービスであるのに対して、ローカル5Gは、企業や自治体が主体となって、自らの事業所や工場、商業施設など特定のエリアに構築する自営の私設5Gネットワークになります。

たとえば、キャリア5Gでは、スマホでの動画サービスによる受信ニーズが強いことから、上り回線（通信の方向が端末から基地局側へ流れる回線）よりも下り回線（通信の方向が基地局から端末側へ流れる回線）の帯域を大きくすることでスマホユーザーの需要に応えます。そのため、上りと下りの割合は全てのユーザーに対し画一的に適用されることから、上りの帯域を大きくしたいと考える少数のユーザーの需要には応えられないことになります。

これに対し、ローカル5Gでは、IoT機器からビッグデータを吸い上げサーバー側で解析するなど、個別の企業が持つ用途に対応できることから、上り回線の帯域を大きくするようなネットワーク設計が可能になります。

このように、キャリア5Gが公衆モバイルサービスとして画一的なサービスにならざるを得ないのに対して、ローカル5Gは企業自らが独自に設計できるカスタマイズされた特注ネットワークとして、自社の強みを引き出す戦略ツールとなり得るのです。

ローカル5Gの3つの特徴

ローカル5Gの実用化が企業活動に大きな影響を与えるとの視座から、ローカル5Gの特徴を考えると、主に以下の3つを挙げることができます。

1つ目は、企業が使用する用途に応じて必要となる5Gの性能を柔軟に設定することが可能な点です。ここで言う5Gの性能とは、主に「超高速大容量」「超低遅延」「多数同時接続」です。通信事業者は、この3つの通信特性を均一な品質に保ち5Gサービスを提供することになるとコストがかさむため、具体的な目的や用途を洗い出し、それを満たす通信の品質と料金のバランスを考えたうえでネットワークを構築することになります。

たとえば、自社の事業特性から多数同時接続を最重視する企業が存在したとしても、同様のニーズを持つ企業が少なく、超高速大容量や超低遅延の性能を必要とする企業が多ければ、それらの機能が優先されることになり、多数同時接続は後回しになります。

しかし、ローカル５Ｇであれば、そうした心配は無くなります。なぜなら、自社裁量でネットワークを設計し構築できるため、それぞれの性能を重視した個別最適化が図れるからです。たとえば、複数の８Ｋの映像素材を鮮明にストレスなく送り届けたい場合には超高速大容量を重視した設計が、また、遠隔操作で建設機械を正確かつ迅速にコントロールしたい場合には超低遅延を重視した設計がそれぞれ可能となります。

このように、ローカル５Ｇを活用すれば、企業が自社の強みを打ち出すための通信特性を他社に先んじて取り入れることが可能になります。

２つ目の特徴は、機密性が高くセキュアな通信が確保できる点です。ローカル５Ｇは、自社の建物や敷地などのエリア内で構築し占有する回線であるため、外部のネットワークと切り離して運用することが可能です。そのため、社内の機密情報が外部に漏洩するリスクを抑えることができ、セキュリティを厳重に確保することが可能です。

たとえば、研究所や工場などの施設内に多くの機密情報を保有する企業では、ローカル５Ｇによるセキュリティ対策は有効に機能します。こうした企業は、研究施設、生産設備、ノウハウなど機密事項が広範囲に及ぶことから、クラウドの活用により情報の一元化を図ったり、モニタリングで遠隔監視したりすることで、情報漏洩リスクの軽減を図ることも可能ですが、それには外部ネットワークとの接続が必要となることから、セキュアな通信が懸念されることになります。しかし、ローカル5Gは、外部ネットワークと分離して構築できることから、そうした懸念が払拭され、さらなるセキュリティの強化を図ることが可能となります。

3つ目の特徴は、安定性があり通信障害の影響を受けにくい点です。ローカル5Gでは、帯域を占有できるため障害や輻輳《ふくそう》の心配がなく、Wi-Fiや公衆回線などと比較して高速伝送や低遅延が担保されます。

たとえば、キャリアの5G回線を利用すると、他のエリアの障害の影響を受ける可能性がありますが、ローカル5Gであれば周囲の通信環境の影響を受けにくく、万一不具合が発生しても自前で修理ができるので比較的早くネットワークを復旧させることが可能です。

また、災害発生時や大規模イベント開催時には、多くのユーザーが一斉にキャリアの5G回線を利用することになるため、ネットワークの輻輳が起こり接続困難に陥る可能性が高くなりますが、ローカル5Gのように独立したネットワークであれば、そうした問題を回避することが可能です。

海外ではデジタルツインを実現

海外でもローカル5Gの普及と活用が進んでいます。製造業を中心に企業が自ら使用することを目的にローカル5Gの免許を取得して、独立した5G自営網を構築して生産性や効率性を高めています。

ドイツでは、2019年11月にローカル5G向け周波数免許の申請受付が開始されています。開始時期は日本とほぼ同じですが、ローカル5Gの活用は日本より進んでいると言えます。2011年に政府がインダストリー4・0（第4次産業革命）を提唱して以来、製造業を中心に産業革新への取り組みが行われてきましたが、近年ではローカル5Gを活用してインダストリー4・0をさらに進化させる動きが加速しています。

実際、政府が確保した2つのローカル5G周波数帯域のうち、3・7〜3・8GHz帯はインダストリー4・0向けに配分されています。因みに、もうひとつの26GHz帯（24・25〜27・5GHz）はローカルブロードバンド向けに配分され、電気通信役務を提供するためのワイヤレスネットワークアクセスの一部としても使用可能になっています。

ローカル5G制度の導入により、ドイツでは、多くのメーカーが自らの使用を目的に免許を取得して、独立した5Gネットワークを構築しています。中でも大手自動車メーカーは、自社の工場にローカル5G環境を構築して生産プロセスの効率化を図っています。

ダイムラー（現メルセデスベンツグループ）は2020年9月に、ジンデルフィンゲンに世界初となるローカル5G環境を構築した新工場、「Factory 56」を開設しています。Factory 56には7億3000万ユーロが投じられ、エリクソンとテレフォニカ・ジャーマニーがそれぞれの強みを生かして5Gネットワークを構築しています。

Factory 56では、メルセデスベンツのS-Classが生産されていますが、ローカル5Gに400台以上の自動搬送車（AGV）が接続され、従来のアセンブリ（組み立て）ラインと比較して生産効率が25%向上するに至っています。

また、数日での生産ラインの切り替え（ガソリン車、ハイブリッド車、電気自動車）も可能となり、新型車の量産にはVRで生産プロセスを可視化し、従業員の研修にも役立てています。

ダイムラーの他にも、BMWやポルシェ、アウディなどの国産メーカーもローカル5Gの免許を取得して自社工場への導入を進めています。中でも、BMWは、ローカル5

Gにより工場内の機器から収集したビッグデータを活用して、デジタルツインを実現して効率性を高めています。

たとえば、工場内で生産ラインを変更する際に、デジタルツインによるシミュレーションを行うことで計画プロセスの効率化を実現しています。BMWには40種類以上のモデルが存在し、車両ごとに選択できるオプションも100種類以上あることから、車両一台あたりの組み合わせは2000を超えます。こうした多様な生産要件に対応するために、デジタルツインを活用し生産ラインあたり最大で10種類の車種を生産可能にしたのです。

また、生産プロセスを5Gでリアルタイムに可視化し、デジタルツインにより仮想空間でシミュレーションを行うことで最適化を実現します。具体的には、モーションキャプチャースーツを着た作業員からデータを取得して、シミュレーションにより人と機械の最適化や効率性を検証した後、その結果を現実の世界へフィードバックして生産ラインの設計を調整するのです。つまり、ローカル5Gにより現実の生産ラインと仮想空間の生産ラインがリアルタイムにつながることで、生産プロセスの効率性を高めることが可能となります。

工場内の作業の多くは、ロボットにより自動化されていますが、何らかのトラブルでロボットが立ち往生してしまうことがあります。そのような場合、作業員が５Ｇネットワークを通してロボットを遠隔操作し正しい位置に誘導することが可能になります。

このように、ＢＭＷは、ローカル５Ｇで工場内を可視化しデジタルツインで３Ｄによるシミュレーションを実現することで柔軟性や正確性を高めながら計画に費やす時間を短縮し、最終的には計画プロセスの30％の効率化を見込んでいます。

自動車産業に見られるように、ローカル５Ｇは、製造業における工場での実装が嚆矢となり、建設現場や発電所、物流などさまざまな分野へと広がりを見せています。

「ネットワークスライシング」の重要性

先述したように、５Ｇネットワークは、通信事業者が全国で画一的に通信サービスを提供するキャリア５Ｇと、企業や自治体が敷地内に独自に構築するローカル５Ｇの２つに分けられますが、日本では、さらに両者の中間に位置づけられる５Ｇネットワークが存在します。

これは、「プライベート５Ｇ」と呼ばれ、通信事業者が、顧客である企業や自治体のニーズに応じて構築し運用する5Gネットワークで、具体的には、顧客の限られた敷地内に通信事業者の周波数を使って、必要な帯域や容量の5Gネットワークを提供するマネージドサービスです。

このように、プライベート5Gでは、通信事業者が保有する周波数を利用することから、顧客は無線局の免許を新たに取得する必要がないうえ、ネットワークの構築から運用・保守に至るまで全てのプロセスを、顧客の個別の要件に応じて通信事業者が行ってくれます。

プライベート5Gで特に重要となるのが、「ネットワークスライシング」の機能です。ネットワークスライシングは、ひとつのネットワークを仮想的に分割して、通信の用途に応じてデータをスライス（分割）して制御できます。これにより、5Gの特性とされる超高速大容量、超低遅延、多数同時接続において、顧客が重視する特性ごとにネットワークを分けて運用したり、帯域やセキュリティの確保といった目的でネットワークを分割したりすることが可能となります。

たとえば、機器の遠隔制御では超低遅延スライスを使用し、映像の伝送には超高速大容量スライスを使うといったように、状況に応じて切り分けが可能です。このように、ネットワークスライシング機能を使えば、顧客のさまざまな用途やニーズに対して、個別にカスタマイズした機能を提供することが可能となります。

それでは、このネットワークスライシング機能の活用は現在どこまで進んでいるのでしょうか。2022年2月にKDDIがいち早くネットワークスライシング機能の商用化を法人向けに開始しましたが、この時点では、スマホなどの通信機器と適用されるネットワークスライスが紐付いているため、ひとつの通信機器上で複数種類のネットワークスライスを利用することはできませんでした。

しかし、2022年12月に、KDDIはソニーと共同でエリクソン・ジャパンの協力を得て、複数のネットワークスライスを使い分けて同時利用する技術実証を行い成功しています。ひとつのアプリケーションに対して複数のネットワークスライスを使い分ける実証は世界でも初めてのことになります。

この実証結果により、ソニーは、ゲームアプリにおいて、操作信号と映像信号の送受信に異なる性質を持つネットワークスライスを割り当てることで、安定したプレイを実現できる環境を顧客に提供できることになりました。

つまり、無線環境が何らかの事情により変化した場合でも、操作信号は超低遅延で確実に通信が可能となるネットワークスライスを活用し、映像信号は無線環境に応じて最適化することで、より安定したゲームプレイを楽しむことができるようになったのです。

このように、プライベート5Gやローカル5Gは、ネットワークの最適化を図ることで、顧客が求める付加価値の高いカスタマーエクスペリエンスを提供することが可能となるのです。

5．データドリブン戦略を加速化させる「エッジAI」

従来、人工知能の処理は、「クラウドAI」に見られるように、中央のクラウド環境で行われるのが一般的でしたが、近年、デジタルテクノロジーの発達により処理の一部または全てをローカルで処理できるようになりました。これは「エッジAI」と呼ばれるもので、人工知能を端末やデバイスなどのエッジ（端）に搭載することで、現場でのデータ処理を可能にする方法です。

エッジAIは、IoT機器の普及が進むにつれて注目されるようになったエッジコンピューティングをより高度にするもので、エッジデバイス上で学習を行うことにより、処理の高速化や省電力化、プライバシーの保護など、より多くのビジネス価値を生み出してくれます。

それでは、エッジAIにはどのような特徴があるのでしょうか。主として、次の5つを挙げることができます。

1つ目は、リアルタイムによる迅速な応答が可能な点です。エッジAIは、エッジデバイス上でリアルタイムにデータ処理や分析ができるため、中央のクラウド環境で処理するよりも、データの移動にかかる時間が短くなり、より迅速な応答が可能になります。

2つ目は、ネットワークのレイテンシー（遅延）削減によるスループット（単位時間当たりの処理能力やデータ転送量）の向上です。エッジAIは、クラウド環境に送信してから処理する必要がないため、ネットワークのレイテンシーが削減でき負荷が軽減できることから、スループットが向上します。

3つ目は、プライバシー保護などによるセキュリティリスクの低減です。エッジAIでは、データがデバイス内で処理されるため、ユーザーのプライバシーを保護することができるうえ、データ漏洩やサイバー攻撃などセキュリティに関わるリスク低減につなげることができます。

4つ目は、モビリティの機能性を取り入れられる点です。エッジAIは、モバイルデバイスでも使用することが可能です。これにより、人工知能を使用した新しいアプリケーションの利用が可能になります。たとえば、ドローンや自動運転車といったモバイルデバイス上での高精度な自己位置推定、障害物検知と回避、音声・画像認識の高度化などです。

5つ目は、オフライン処理が可能な点です。エッジAIは、インターネット接続が必要ないため、オフライン環境でも動作することができることから、遠隔地などネットワーク環境が制限される場所でも人工知能を使用することができます。

エッジAIのさまざまな応用例

エッジAIが活用されているモバイルデバイスは、ドローンや自動運転車だけに限りません。最も身近な存在であるスマホにもエッジAIが応用されています。たとえば、iOS16で利用が可能になった「画像切り抜き」機能には人工知能が使われています。

画像切り抜き機能を使えば、iPhoneの端末内で処理されるエッジAIにより、被写体を自動的に認識して簡単な操作で人や物などを切り抜くことができます。切り抜いた写真は、「コピー」と「共有」の両方ができ、コピーの場合には、クリップボードに画像が保存されるので、それを貼り付けたい場所にペーストし、共有の場合には、「共有」からメールやメッセージアプリなどを選ぶだけで簡単に送れます。

　画像の切り抜き作業を人間が手動で行うことになると、被写体の輪郭を正確になぞっていく必要があり骨が折れる作業になりますが、長押しするだけで簡単に切り抜きできれば利用価値は高くなります。

　こうした機能は、応用の幅が広く利用機会も増えることから、今後益々期待されるサービスになると考えられますが、この他にも、エッジＡＩはさまざまな産業や業種で応用され価値を高めています。

　農業では、エッジＡＩを活用したデータドリブン型のデジタル農業の実現が進んでいます。産業機械の製造を手掛けるクボタが、米国半導体メーカーのエヌビディアと提携して進めているスマート農業もそのひとつです。

　クボタが取り組むのは自動運転技術で、無人運転が可能なトラクターを開発し、農機（農業機械）の完全無人化を目指しています。そのために必要となるのが、エヌビディアにより開発された「エンドツーエンドＡＩプラットフォーム」で、解析や推論を行うための機械学習モデルが組み込まれています。クボタはこのプラットフォームを活用して、農機に搭載した高性能ＧＰＵによる推論を可能にしたエッジＡＩシステムの研究開発を進めているのです。

家電業界では、従来、処理能力に制約のあった家電などのエッジデバイス上で、ネットワークに接続しなくても人の話が認識できる人工知能の開発が進んでいます。この分野で開発を牽引しているのが東芝です。

東芝は、ＡＩ関連の累積特許出願数で世界3位の実績（5223件、2020年3月時点）を持ち、1967年に世界初のＯＣＲ（光学文字認識）郵便区分機を開発して以来、音声認識や画像認識などさまざまな分野で人工知能の開発を進めてきました。

家電を操作する際に話しかけた人に合わせて機器が動作する仕組みはこれまでにも存在しましたが、これを実現するためには、ネットワークへの接続が必要でした。なぜなら、動作に必要となる「キーワード検出」と誰が話したかを識別する「話者認識」を両立させるためには、膨大な計算が必要だったからです。

東芝は、こうしたキーワード検出と話者認識を同時にしかも高速で処理することができるＡＩ技術を開発して、ネットワークに接続しなくても家電などエッジデバイス上で動作させるに至りました。

この話者認識ＡＩ技術では、３回の発話での話者登録に加え、音声での操作や話者に合わせて機器の動きを変更することが可能です。３回の発話での話者登録が可能なのは、同じ話者がさまざまなしゃべり方で発話したような音声情報を模擬的に生成する手法を使っているからです。

これはニューラルネットワーク（人工神経回路網）の「データ拡張手法」と呼ばれるもので、ニューラルネットワークのノード（中継点）間の接続の重みをランダムにゼロにすることで、少ないデータ（発話）でも学習が可能となります。

東芝によると、このデータ拡張手法を使った話者登録での識別精度は89％に達しています。話者認識における一般的な手法（i-vector）の精度が71％であることから、データ拡張手法が高精度のレベルに達していることが分かります。

実際に家電などのエッジデバイスを操作する場合の話者登録は５～10名程度と想定されているので、89％という精度でも十分に実用性能があると言えます。エアコンやテレビなどリモコンによる従来の操作が全て音声による操作に置き換えられ、人が発話するだけで指示が完了して識別精度が高まることになれば、顧客価値はさらに高まり需要の拡大にもつながることになります。

エッジＡＩは、防犯においても実用化が進んでいます。ＪＶＣケンウッドは、ビズライト・テクノロジーと共同で、詐欺を未然に防ぐソリューションデバイスを開発して防犯に役立てています。

開発したのは、「エッジＡＩカメラ」で、このカメラを使えば、録画した映像や画像をクラウドサーバーに送信することなく、カメラ内で深層学習による分析処理を独自に行うことができます。既に北洋銀行の実店舗に導入され、振り込め詐欺を未然に防ぐソリューションとして実用化されています。

具体的には、銀行の店舗内で電話をかけながらＡＴＭを操作したり順番を待っていたりする行動をエッジＡＩカメラで検出し、行内の職員に知らせます。職員が状況に応じて適切な対応を取ることで、振り込め詐欺や新型コロナウイルス感染症対策の給付金や助成金に関連した詐欺などを未然に防ぐことに結び付けることができます。

エッジＡＩカメラの活用は、カメラ内での処理によりプライバシー情報漏洩の危険低減を図るだけでなく、銀行の既存のネットワークなども活用しないため、従前のセキュリティレベルを脆弱化させる問題も発生しないことになります。

そのため、銀行などの金融業の他にも、保険業やサービス業、流通業、介護業界など幅広い分野や市場に対しても、ソリューションデバイスとしての提供が可能となります。実際、人工知能を活用した独自映像分析技術による動態検知や姿勢検出などを活用して、高齢者の見守り介護サービスの実用化も試みられています。

加速するエッジＡＩへの移行

これまで見てきたように、多くの企業や組織にとって、人工知能は、不確実性に対するソリューションとして期待され、業務の自動化や効率化、差別化、コスト削減などの効用をもたらしてくれます。

さまざまな産業において、ＩｏＴ機器などから絶え間なく生成されるデータは多様化が進み、これらのデータにはリアルタイムによる推論が必要とされるようになったことから、より多くの人工知能の処理や展開がクラウドからエッジコンピューティングに移行しています。

こうしたエッジＡＩへの移行は、今後さらに加速することが予想されます。その追い風となっているのが、活動代替としての自律型ロボットやインテリジェントマシーンの普及です。

たとえば、生産ラインで組み立てに従事するロボットアームや、倉庫で商品棚を自在に移動する自走式ロボットなどは、今では当たり前になっていますが、これらのロボットは作業工程の一部を行うというレベルに留まっていました。

しかし、最近では、料理用ロボットであるロボットシェフに見られるように、材料のカットやソース作りなど料理をするうえで必要となる一連の動作を全て行うことができるインテリジェントロボットの導入が進みつつあります。

こうしたロボットには、人工知能に加え100個を超えるモーションセンサーが内蔵されており、レシピ通りに作る手順を覚えさせることで実際の料理を作ることが可能となります。料理のレパートリーは2000種類を超え、高級レストランのレシピを学習して再現することも可能です。

インテリジェントロボットの導入には、数百万円もの費用がかかることから、家庭はともかく、小規模事業者にとっても導入するのに費用対効果を十分に見極めることが必要となります。

そのひとつの基準として、投資利益率（ROI：Return On Investment）による検証が考えられます。たとえば、大型量販店やスーパーマーケットでは、盗難や人為的ミスによる損失を減らすために、「無人（ＡＩ）レジ」に多額の投資を行っていますが、98％の精度でエラー検出できるソリューションを使用すると、企業はわずか数ヶ月という短い期間で投資を回収することが可能です。

このように、無人レジのようなエッジＡＩのユースケースは、業務効率の向上とコスト削減の両立を実現することが可能なことから、企業が新たな投資を集中させるのにふさわしい分野であると言えます。

実際、ＩＢＭの調査によると、現状では企業の35％がビジネスで人工知能を活用し、それ以外にも42％の企業が人工知能の導入を検討しているとしています。このことから、企業が競争上の優位性を得るための新たな方法として人工知能を位置づけ、人工知能プロジェクトへの投資がさらに一般的になることがうかがえます。

6. ヒューマンスキル戦略の中心となる「リスキリング」

近年、企業の人材育成の一環として、デジタル化時代の本格的な到来を見据えた「リスキリング（Reskilling）」が注目を集めています。リスキリングとは、一般的には技術革新や社会の変化に対応するために、業務上必要とされる新しい知識やスキルを学ぶことですが、ＤＸにおけるヒューマンスキル戦略の視点では、企業が従業員に対して職業能力の再開発を行うことを指し、現在、大企業を中心に導入もしくは導入の検討をしている企業が増えつつあります。

リスキリングは、２０１５年頃から欧米で広まった概念ですが、その背景にあるのは「技術的失業」への懸念です。デジタルテクノロジーの浸透により、現在の仕事が無くなる可能性が高まっていることから、企業は、労働者をそうした仕事からデジタルやグリーンなどの成長産業に労働シフトさせる必要があると考えています。

先行する米国企業のリスキリング

実際、米国では大企業がリスキリングに向けた取り組みにいち早く着手して、多額の投資をしながらリスキリングを加速化させています。

たとえば、AT&Tは、２０１３年に10億ドルを投じて従業員10万人のリスキリングを行う「ワークフォース２０２０」をスタートさせています。これをスタートさせたのは、２０２０年までの事業の柱をハードウェアからソフトウェアシステムに転換するのに伴い、２００８年に行った社内調査で従業員25万人のうち、将来のソフトウェア事業に必要なデータサイエンスやエンジニアリングのスキルを持つ人が約半分に過ぎないという衝撃的な事実が判明したからです。

ＡＴ＆Ｔは、こうした状況を打開し次世代の職務体系に見合った人材を育成するために、４つの施策を展開することでリスキリングを推進していきます。

１つ目は、リスキリングを通じて、社内の人事異動を円滑に行えるよう環境を整備したことです。具体的には、社内の全ての職務をスキル別に整理統合することで各職務の遂行に必要なスキルや能力を明示化し、そのうえで、会社にとって重要性の高いスキルを保有している人や、そうしたスキル習得に関わる講座や訓練コースで良い成績を収めた従業員がより高い報酬を得られるといった制度を導入したのです。

２つ目は、オンライン上にスキル講座や訓練コースを開設したことです。次なる事業の柱であるソフトウェア事業を推進するうえで必要なウェブ開発、データ分析、プログラミングなどのコースを外部の教育プラットフォームと連携して設置し、データサイエンスやサイバーセキュリティなどの学位プログラムを複数の大学と連携して設けました。

３つ目は、従業員のキャリア開発支援ツール、「キャリアインテリジェンス」を導入したことです。この支援ツールは、従業員が次のキャリアに向けたスキル開発に主体的に取り組むことができる社内システムで、このシステムを使えば、従業員は社内にいかなる職務ポストがあり、報酬がどのくらいで、そのポストに必要なスキルは何かといった情報を知ることができます。会社側でも、社内にどのようなスキルを持つ従業員がどのくらい存在しているかといったスキル分布などが把握でき、スキルの過不足といった課題に対する迅速なアクションを取ることが可能となります。

4つ目は、従業員のためのワンストップ学習支援プラットフォーム、「パーソナル・ラーニング・エクスペリエンス」の提供です。2017年に開始したこのプラットフォームでは、従業員が自分のスキルを客観的に評価でき、その評価に基づく就業可能な仕事を検索できます。希望する仕事に就くために必要な講座の検索や予約も行えるうえ、履修状況を記録する学習管理なども行うことが可能です。

このように、AT&Tが導入した4つの施策は、従業員が主体的にリスキリングに踏み出せるよう側面支援するもので、「ワークフォース2020」の展開により、社内の技術職の81%が社内異動によって充足されるまでになりました。

また、リスキリングプログラムに参加する従業員はそうでない従業員に比べ、1・1倍高い評価を受け、1・3倍多く表彰され、1・7倍の昇進を実現しています。離職率に至っては1・6倍低くなったという結果も出ています。

アマゾンもまたリスキリングの先進企業のひとつです。2019年に7億ドルを投じて2025年までに従業員10万人をリスキリングするプログラムを発表しています。その狙いは、データサイエンティストやビジネスアナリスト、データマッピングスペシャリストなど高度なスキルを持つ人材の育成にあります。

こうした高度なスキルを持つ人材を育成するために、技術職以外の従業員を技術職へ移行させる「アマゾン技術アカデミー」に加え、テクノロジーやコーディングといったデジタルスキルを持つ従業員が機械学習スキルの習得を目指す「機械学習大学」といったデジタルスキル全体の底上げを図るプログラムなどが用意されています。

AT&Tやアマゾンの他にも、ウォルマートやマイクロソフトなどリスキリングに関わるプログラムを展開することを既に表明し導入を進めている企業は多く存在します。

このように、米国で多くの企業が多額の資金を投じて、あえて従業員向けにリスキリングを行うのは、DXの波があらゆる産業に及び、データサイエンスや人工知能など高度なスキルを持つ人材の獲得競争が激しさを増しているからです。

デジタルスキルを持つ人材を社内で育成することができれば、外部から大量採用するよりも、コスト面での負担を抑えることができます。また、従業員は既にオペレーションなど社内業務を理解していることから、新たに業務を理解させる必要のある外部雇用とは異なり、DXへのスムーズな着手も可能となるのです。

立ち遅れる日本での導入

一方、日本は、米国に比べリスキリングの着手が遅れているというのが実態です。日本では、DX推進を目的としたデジタル人材の育成計画が、2019年頃から企業で打ち出されるようになりました。それは、情報処理推進機構（IPA）が2022年に実施したリスキリングに関する調査で明確に示されています（図表11）。

本調査によると、既にリスキリングを実施している割合は、米国企業が96・6％に達しているのに対して、日本企業は56・1％に留まっています。また、リスキリングの対象者について、米国企業では、「従業員全員に学び直しの取組みをしている」（33・9％）が全体の3分の1を占めているのに対し、日本企業では、「従業員全員に学び直しの取組みをしている」（10・6％）の割合が低く、全体の1割程度に留まっていることが分かります（同）。

【図表11】社員の学び直し（リスキル）に関する日米比較

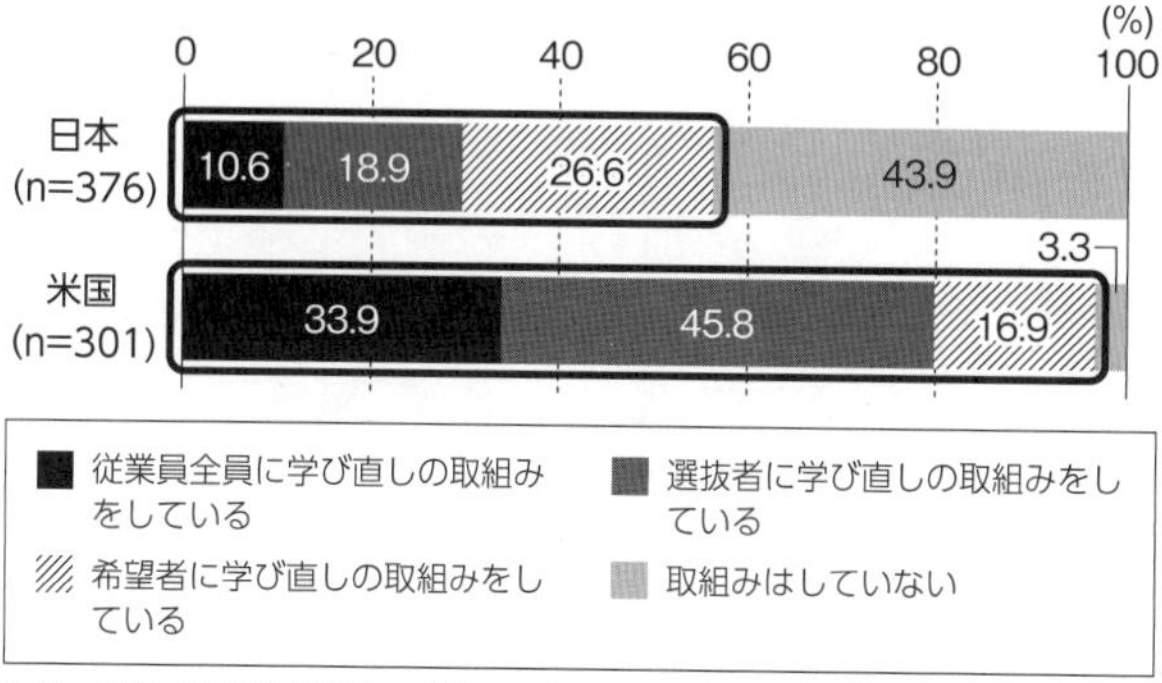

出典：情報処理推進機構（IPA）「DX白書2023 第４部「デジタル時代の人材」第１章「日米調査にみるDXを推進する人材」を基に作成

ＤＸ推進は、企業業務全般に関わり全体最適を図る狙いがあることから、組織横断で従業員が新たなスキルと知識を身につけることが必要です。そのため、日本企業には、「従業員全員に学び直しの取組みをしている」の割合を高めていくことが求められることになります。

全社的にリスキリングが展開されて、ＤＸを推進するために必要となる社員のスキルや能力の最適化を図ることができれば、将来の事業シフトにも十分に対応することが可能となるのです。

7．アジャイル戦略と親和性の高い「ＰｏＣ」

企業が新規事業やＤＸに取り組む際に注目を集めているのが、「ＰｏＣ（Proof of Concept：概念実証）」です。注目される理由は、ＤＸがその実現において人工知能など先端技術の活用が想定されており、事業性や技術的実現性に関する仮説検証を反復する進め方が有効とされているからです。この仮説検証のプロセスがＰｏＣであり、新しい事業や技術、アイディアが実現可能であるか、十分な効果が見込まれるかなどを確認するために行われます。

企業経営では、実現したいサービスや製品のコンセプトを考えて試作開発前にＰｏＣを繰り返すことで、立てた仮説が実現可能か否かという具体的な検証が可能となります。検証では、製品の実現性を探るだけでなく、改善点や修正点の洗い出しも行うことが可能です。

一般的な製品開発プロセスは、６つのステップ、すなわち、①アイディア創出、②製品定義、③プロトタイピング、④製品設計・開発、⑤検証確認とテスト、⑥商品化で構成されますが、ＰｏＣは、①で創出されたアイディアが実現可能であるか否かを検証するプロセスに当たり、ここでアイディアのコンセプトが実証されれば、②の製品定義が確定されることになります。

ＰｏＣが注目される背景

近年ＰｏＣが注目されるようになった背景には、次の2つの社会的事象が存在します。

第1に、顧客ニーズの多様化が進んでいることです。多様化は、セグメンテーションやターゲティング、ポジショニングなどマーケティングをより細分化、複雑化させることになりますが、それぞれの状況や条件に合わせて、提供する価値が適切なものであるか否かを判断するために、ＰｏＣが注目されるようになりました。

たとえば、市場の新たなニーズにより、高齢者向けのスマホを見直して全く新しい機能を追加することになった場合、それが顧客に受け入れられるか否かを仮説検証する必要があります。

既に汎用的な機能は高齢者向けのスマホに装備されているため、そこからさらに特定のニーズや課題を持っているターゲットを絞り込み、操作性や利便性、安全性などを重視して、価値を差別化して訴求することが求められます。こうした状況下でも、ＰｏＣ

により一連の検証プロセスを経ることで、機能の実現性を探ることが可能となります。

第2に、近年、事業や製品の新規開発にあたり、リーンスタートアップやアジャイルな開発手法を採る企業が増えてきたことが挙げられます。

従来は、ウォーターフォール型の開発に見られるように、品質の高さや管理のし易さを重視するとの視点から、開発手順を一つひとつ確認しながら工程を進める手法が一般的でした。しかし、こうした手法は、開発期間が長期にわたるうえ市場などの変化にタイムリーに対応できないことから効率性や柔軟性に欠けるため、新規事業や新製品のスピーディな開発が可能なリーンスタートアップやアジャイルな開発手法が採られるようになりました。

リーンスタートアップ型の手法では、コストをかけずに最低限の機能を持った試作品を短期間で作り出すことで、顧客の反応を的確に把握して顧客がより満足できる製品やサービスを開発でき、また、アジャイル型の手法では、まずやってみて、その中で課題や問題を解決しながら事業展開していくことが可能なことから、これらの開発手法と親和性の高いＰｏＣが注目されるようになったのです。

また、ＧＡＦＡＭなど大企業に見られるように、自社の既存事業とは全く異なる領域の事業へ参入する事例が増えていることも追い風となり、企業が多角化を進めるうえで、その戦略オプションとしてＰｏＣを取り入れているのです。

「有用性」「投資効果」「社会的な受容性」を検証

ＰｏＣを取り入れると、どのような項目を検証できるのでしょうか。「実現可能性」の検証はともかく、「有用性」や「投資効果」、「社会的な受容性」などの項目についても検証が可能となります。

実現可能性では、これまでにない新しい技術を導入する場合、技術的に実現可能であるかどうかを検証できます。

たとえば、現在多くの企業が開発を進めている自動運転車であれば、センサーが車外に存在する人や物に対して正常に動作してどのように認識するのか、また、信号情報を正常に認識して車内に搭載した事故防止システムなどが正常に稼働するかなどです。

課題が発見されれば、それらが無くなるまで検証は繰り返されることになり、安全性や機能性に問題が無くなった時点で、市場参入に向けた量産化が検討されることになります。

有用性では、たとえば、新たな商品アイディアに対して、ターゲット顧客が価値を認めるか否かを検証できます。企業側でその商品アイディアにどんなに自信があったとしても、顧客側でその価値が認められなければ、有用性は無いと判断されます。具体的な検証内容の例として、市場規模の調査、潜在顧客を含めた需要調査、テストマーケティングなどが挙げられます。

投資効果では、たとえば、新規事業を展開するにあたり、必要となる投資額と見込まれる収益額の算出により投資効果を検証できます。具体的には、資金調達コストや製品開発コスト、ローンチ（発売）までのリードタイムなどを基にして、内部収益率（ＩＲＲ：Internal Rate of Return）や正味現在価値（ＮＰＶ：Net Present Value）などの指標を検証していくことになります。本格的に事業を展開する前に、投資効果の検証を行うことにより、損失を最小限に抑えることができます。

社会的な受容性では、新たに検討する製品やサービスが、法律や社会倫理などの面で市場展開が可能かどうかを検証できます。

たとえば、セグウェイは、２００１年に米国で発売されましたが、日本では道路交通法や道路運送車両法により公道を走行することは未だに認められていない状況です。最近では、ウーバーなどが展開するライドシェアは、日本では既に実証実験が始まっていますが、法制度上の問題からサービス開始には至っていないというのが実態です。

このように、いかに製品やサービスが革新的なものであっても、社会的に受け入れられなければサービス化には至らないことから、事前に社会の受容性を見極めることは、事業化の早期判断による損失回避につなげることができ極めて有効な打ち手となるのです。

ただ、ここで注意しなければならないのは、イノベーションの芽を摘むことがないように、ＰｏＣの結果を考慮することです。現状では実用化が難しいとしても、製品やサービスの特性から将来性を加味して総合的に判断することが求められます。

ＰｏＣを活用している業界と事例

従来、ＰｏＣを必要条件としてきたのが医薬品業界です。医薬品業界では、新薬の研究や開発において、開発候補となる新薬、すなわち、治験薬は、特定の患者集団で治療できることが示される必要があり、これがＰｏＣとして位置づけられています。

一般的に、新薬の開発には9～17年という長い年月をかけて検証が行われ、その検証は治験（臨床試験）により3段階に分けて進められます。通常、2段階目の「第Ⅱ相試験」がＰｏＣにあたり、ここでは、活性または反応の存在を確認できるよう、臨床的改善が明確に示される必要があります。加えて、最適な用法（投与回数、投与期間、投与間隔など）や用量（最も効果的な投与量）など、治験の最終段階である第Ⅲ相試験に進むための情報も収集されます。

第Ⅱ相試験で有効性と安全性が認められれば、「ＰｏＣを取得した」もしくは「ＰｏＣを確認した」として第Ⅲ相試験の医薬品開発に進むことができ、最終的に有用性や効果があると認められれば量産することが可能となります。

このように、医薬品業界では、ＰｏＣを確認することは、新薬開発における重要なマイルストーン（作業やプロジェクトなどにおける重要な節目や特定の到達点）になっており、厳格な治験が行われることで有効性と安全性の面から高い価値が生み出されています。

建設業界でもＤＸ実現に向けたＰｏＣの活用が進んでいます。たとえば、トンネルなどの工事現場は、落盤や土砂崩れなど自然災害による事故が発生する恐れがありリスクが高いことから、安全な労働環境の確保が求められます。

そのための方策として、現場に設置したカメラやセンサーなどのＩｏＴ機器とそれらに接続したローカル５Ｇネットワークを活用して、工事現場でのデータ収集や遠隔操作に関するＰｏＣが行われています。

ＰｏＣを実施した結果、非常時における建設機器のモニタリングや遠隔操作の切り替えに加え、ＩｏＴ機器から得られるビッグデータの解析により、ガスや二酸化炭素、湿度などにおいて危険な数値が検出された際に作業員へ通知を送る体制、さらには、ネットワークスライシングを活用した通信別の優先制御などの確認が取れるようになっています。

第3章　DXの現在地、未来社会への大変革【事例編】

1．DXの本質とは何か

世界では、これまで実に多くの企業がデジタル化によって起業を果たしてきました。1990年代初頭に商用化を迎えたインターネット上では、アルゴリズムを駆使してデジタル検索サービスを開始したグーグルに象徴されるように、さまざまなスタートアップがウェブアプリケーションを立ち上げて次々と起業を成し遂げるに至りました。

これらの新興勢力は、ネットワーク効果を取り入れながらプラットフォームを構築し急速に市場シェアを獲得したことから、伝統的企業にとっては大いなる脅威となりました。それゆえ、伝統的企業もまた、生き残りをかけてデジタル改革を断行していくことになります。

たとえば、米国では、小売のオンライン化が進む中で2000年代以降アマゾン・エフェクトにより、リアルの小売事業者の業績低迷が深刻となりました。伝統的な小売企業であるウォルマートもまた、アマゾンへの脅威から２００７年にウェブサイト「Site to Store」を立ち上げてオンライン事業を本格的に展開し始めます。

その後、ウォルマートは、リアル店舗の強みを生かしＯＭＯ（Online Merges with Offline：オンラインとオフラインの融合・併合）を進めることで新たな収益源を生み出し、アマゾンを抑え米国の流通売上のトップを維持するに至っています。

このように、スタートアップによる起業にしても、既存企業による企業（新規事業の立ち上げ）や改革にしても、デジタルによる変革の流れは、今ではＤＸという大きな潮流となり、グローバルレベルで波及しています。ＤＸの本質が、「自社のビジネスを全体最適化していかにして持続的な競争優位を構築するか」にあるのも、こうした経緯から読み取れます。

日本でも、近年この潮流に乗って、ＤＸを検討したり経営に取り入れたりする企業が増えつつあります。新たな技術を開発してビジネスに組み込んだり、これまでの成功で得た経営資源やケイパビリティを生かして新たなる価値提供の仕組みやビジネスモデルを創り出したりしているのです。

こうした一連の動きを検証してみると、ＤＸが単なる技術導入や業務改善に留まるものではないことが分かります。ＤＸにより起業を成し遂げたり自社のビジネスの再構築に成功したりした企業は、競合企業が着手していない新たな分野を開拓して競争優位を築き上げ、持続可能で拡張性のあるレベルまで変革を推し進めています。

業種の垣根を越えてさまざまな企業が市場に参入してくる現代において、従来の競合が将来の競合になるとは限りません。そうした異業種のプレイヤーを含めて競合となる企業が共通に着目している点は、「デジタルによる全体最適化」にあります。

外部環境をしっかりと見据えて変化をとらえれば、自社が新たにフォーカスすべきポイントが明らかになります。なぜなら、それによって、近未来に起こりそうなトレンドが見えてくるからです。狙うべきポイントは、どの企業も着手していない未開の分野です。

既にデジタル化が果たされていたり、着手されたりしているところは他社に委ね、それ以外のデジタル化が果たされていない新たな分野を探して、その実現に経営資源やケイパビリティを集中させる。このアプローチこそが、ＤＸ時代に求められる「選択と集中」戦略なのです。

デジタル変革による全体最適化を図るのは極めて難しいことですが、起業の時点でそれを成し遂げたスタートアップや、既存事業におけるビジネスモデルの変革もしくは企業全体の変革に成功した既存企業が存在するのも事実です。そうした企業の事例を次節以降で考察してみたいと思います。

2. テスラ：自動運転を見据えたＤＸ

現在、電気自動車（ＥＶ：Electric Vehicle）の開発は、自動車業界においてニューノーマルとなりつつありますが、ＥＶの存在をグローバルレベルで知らしめたのは、他でもないテスラです。

テスラが創業時に掲げた会社としてのコンセプトは、既存の自動車メーカーとは異なるものでした。自社のあるべき姿を「テクノロジー企業の側面を持つ自動車製造企業」とし、そのコアとなるのは、「バッテリー、ソフトウェア、独自のモーター」であるとしたのです。

この考え方は、従来の自動車メーカーが、自動車づくりの根幹に置くエンジンありきの発想を覆すものでした。イーロン・マスク氏は、２００６年にテスラ最初の電気自動車となる「テスラ・ロードスター」のコンセプトを発表した際に、「炭化水素経済から太陽電池経済への移行を促進する」ためにテスラは存在すると述べましたが、この存在意義は、創業時に掲げたあるべき姿をより具現化するものとなりました。

実際にテスラ・ロードスターが販売開始となったのは2008年ですが、この時期の自動車業界は、トヨタのプリウスに見られるようにハイブリッド車中心の開発に留まるものでした。伝統的な自動車メーカーが、まだエンジンを主軸に考えた発想で自動車開発を進める時代に、既存のコンテクスト（文脈）に囚われず、異なる次元で発想してロードスターを完成させたところにテスラの革新性を読み取ることができます。

既存のコンテクストに縛られないとの発想は、独創的な販売形態や製造プロセスにも見て取れます。テスラは、伝統的な自動車メーカーとは異なり、「完全受注生産型」の形態を採っています。それを支えているのが、自社完結型の製造プロセスです。

一般的に、自動車1台を組み立てるのに約3万個の部品が必要とされることから、自動車の組み立てには、各部品を製造するメーカーが多数存在します。日本では、これらの部品を自社で内製している率（部品内製率）が30％に留まり、70％は部品メーカーであるサプライヤーに依存しています。

日本の自動車メーカーが部品の供給の多くをサプライヤーに依存するのは、部品の開発や生産をアウトソーシングすることで、自動車メーカー自身の開発や生産に関わる業務量を節約し開発時間を短縮することが可能になるからです。

他方、米国では部品内製率が70％に達しており、日本とは対極的な状況にありますが、テスラは、これよりもさらに垂直統合度が進んでいます。座席からバッテリーセルに至るまでほぼ全ての部品が内製でまかなわれています。自前で多くのハードウェアを設計しソフトウェアを作成しているため、他の自動車メーカーが望めないほどの水準で車の製造プロセスをコントロールして完成度を高めることができるのです。

たとえば、２０２０年以降のコロナ禍で半導体の供給が困難に陥った際には、部品内製率の高さから、製造プロセスにおける臨機応変な軌道修正が可能となりました。テスラは自社で基板を設計しているため、パワーチップなど代替品を受け入れる形に即座に設計変更が可能であったことから、他の自動車メーカーにとって打撃が大きかったサプライチェーンの混乱をめぐる問題にもうまく対処することができたのです。

これに対して、日本の自動車メーカーや米国の一部の自動車メーカーは部品内製率が低いことから、リスクを伴う半導体の修正や、別の半導体工場の製品を使うことには慎重にならざるを得ませんでした。そのため、その対応には多くの時間が費やされることになったのです。

このように、テスラは、垂直統合度を高めた独自の製造プロセスを構築することにより、分業や組み立てコストを圧縮し、コストダウンを目的とした大量生産を図ることや余剰在庫を売り切る必要性を排除することで、「完全受注生産型」の自動車メーカーを貫いているのです。

ギガファクトリーとデジタルツイン

テスラの生産拠点は、「ギガファクトリー」と呼ばれるスマートファクトリーです。この名称はマスク氏の造語ですが、それは文字通り10億を表す単位のギガに由来し、リチウムイオン電池などのバッテリー（蓄電池）の効率的な生産に視点が置かれています。なぜなら、電気自動車は価格の3～4割をリチウムイオン電池が占めることから、電気自動車のコストを下げるには、バッテリーの製造コストを削減し低価格化を図ることが最優先になるからです。

ギガファクトリーの中でも米国カリフォルニア州にあるフレモント工場は、北米で最も生産性の高い自動車工場として知られています。ギガファクトリーを見れば、テスラが電気自動車を作る自動車企業ではなく、テクノロジー企業であることが理解できます。マスク氏による工場の捉え方は、極めて独創的です。その捉え方は、「工場をプロダクト（製品）であると考える」「工場を、マシーンを作るマシーンと考える」などの発言からうかがい知ることができます。つまり、「マシーンという自動車を進化させるより、マシーンを作る工場を進化させた方が10倍も効果が高い」というのがマスク氏の信条なのです。

工場を評価する一般的な指標としては、稼働率や労働分配率、在庫回転率などが考えられますが、ギガファクトリーで重視されるのは、「アウトプット（生産台数）」です。それは、「ボリューム（生産規模）×密度（サプライヤーを含めた生産拠点の稠密性《ちゅうみつ》）×速度」という公式で表すことができます。

ここで言う密度とは、ギガファクトリーに太陽光発電やバッテリーなどの生産拠点がどれだけ隣接しているかを意味します。たとえば、ギガファクトリーでは、自動車のアセンブリラインのあるフロアーの上階にリチウムイオン電池の製造スペースを設けて内製化することで、稠密性を高めています。

2021年におけるフレモント工場の製造能力は週平均8550台で、2番手のトヨタジョージタウン工場の週平均8427台に拮抗していますが、1万平方フィート当たりの単位面積で比較すると、トヨタの9台に対しテスラは16台に達しており、その製造能力は1・8倍と歴然の差があることが分かります。

通常、自動車メーカーの工場では、車両がコンベアで運ばれてくるのが一般的ですが、ギガファクトリーでは、車両は無人搬送機に載せられてアセンブリラインを流れてきます。それゆえ、車両に不具合が見つかった際には、コンベアでは製造ライン全体を停止させて事に当たる必要がありますが、ギガファクトリーでは不具合が生じた車両だけを除いて対処すればよいのです。

こうした仕組みは、工場の機動性や柔軟性、さらには拡張性などを高めることにつながります。テスラは、生産プロセスにおけるデジタル化や同期化を着実に進めることにより、こうした優れた手法を確立しているのです。

また、テスラ車にはデジタルツインを活用したシステムが標準搭載されていることから、車両のアップデートは全て自動化により行われます。各車両の環境や動作は車両に搭載されたセンサーによりクラウド上へ送信され人工知能がデータを解析します。

仮想空間上では、シミュレーションによる性能の微調整やテストなどが常時行われ、気候条件に合わせて車両の設定を最適化するなど性能の向上を確認したうえで、各車両にフィードバックし、自動でソフトウェアがアップデートされる仕組みを構築しています。

こうしたデジタルツインを活用した仕組みが確立されることにより、車両診断をサービスセンターで行う必要がなくなることから、テスラ側では、車両診断にかかるコストを大幅に削減できる一方で、顧客側ではサービスセンターに出向く時間と手間を省くことが可能となるのです。

電気自動車を普及させるための変革

電気自動車は、ガソリンの代わりに電気で走ることから二酸化炭素を排出しないため、環境に優しいという大きな利点があります。この環境保護の視点は、ＳＤＧｓやＥＳＧなど現代の経営の指針となる考え方にも通じることから、更なる導入が期待されています。

しかし、その導入には、当初さまざまな課題や障害が存在しました。テスラは電気自動車開発の先駆者として、どのような問題に直面し、それをいかにして克服したのでしょうか。

テスラが直面した最初の問題は、車両価格が高くなることでした。ゼロからの電気自動車開発は、設計、部材調達、製造、マーケティングなどバリューチェーンのほぼ全ての工程が初めての試みになることから、莫大なコストがかかることが予想されました。

実際、テスラは、最初の生産車両であるテスラ・ロードスターの価格を９万８０００ドル（約１０００万円）に設定しています。電気自動車を普及させるには、この価格を下げて庶民の手が届く大衆車としての価格帯を実現することが求められました。

そこでテスラは、製造と販売の両面からコストを圧縮して、価格へのコスト転嫁率を下げることに注力していきます。それは、オートメーション化による製造プロセスの効率化に加え、自社ウェブサイトへのプロモーション活動の一元化やディーラー網による販売コストの削減などです。

こうした打ち手が着実に実を結び、２０２１年2月に発表されたモデル3の価格改定では、スタンダードレンジプラス（シングルモーター）を４２９万円、ロングレンジ（デュアルモーター）を４９９万円に設定して、大幅に価格を下げることに成功したのです。

一方で、電気自動車に電気を充電する施設が少ないことや、チャージに時間がかかることもまた、電気自動車の普及を妨げる大きな問題でした。米国では初号機のロードスターが発売された当時、カリフォルニア周辺にある充電ステーションは僅か数百箇所に留まっていましたが、２０１９年には、米国における充電ステーションは７・７万箇所まで増加するに至っています。

また、充電にかかる時間も当初はフル充電まで8時間程度かかっていましたが、２０１８年には、高速充電設備「スーパーチャージャー」では、約30分で80％充電完了を達成するに至っています。

このスーパーチャージャーは世界で1・2万箇所に、また、ホテルや駐車場に設置する簡易充電設備の「デスティネーションチャージャー」の設置は1・5万箇所を超えるまでになりました。これらはいずれもテスラ直営の充電ステーションとして今も拡大し続けています。

日本でも、人気のホテルやレストラン、リゾート施設などを中心に充電ステーションの開拓が進み、２０２２年5月までに、デスティネーションチャージャーは２９００箇所を超えるまでに拡大しています。

これに加え、航続距離の伸長も進みつつあります。既にフル充電で約500〜800㎞の走行が可能になったモデルも存在し、外出先でチャージャーが無くても半径250〜400㎞までは遠出が可能となりました。

現在ガソリン車は1回の満タン給油で航続距離が平均で600㎞以上であることから、電気自動車の1回当たりの充電は、ガソリン車の航続距離に引けを取らないレベルまでに高まったと言えます。

さらに、電気自動車購入後に必要となるメンテナンス用の施設が少ないことも、購入を妨げる一因でした。テスラはまず、リモートによる遠隔診断により深刻な故障を事前に検知できるようにしました。そのうえで、ソフトウェアによるオンラインアップデートの活用や、技術スタッフであるモバイルテクニシャンを派遣することで、故障車の8割以上をサービスセンターに入庫させずに修理可能にするに至っています。

このように、テスラは、価格、充電、航続距離、メンテナンスなどの問題から生じるさまざまな課題や障害を取り除くことで、電気自動車の普及に努めています。他方で、トヨタやダイムラーなどの競合企業に敢えて電気自動車に関する技術を共有して、電気自動車市場への参入を促す働きも積極的に行って、市場の活性化も図っているのです。

完全自動運転車開発の変革プロセス

電気自動車のパイオニア企業であるテスラが現在取り組んでいるのが、自動運転車の開発です。テスラは、先進運転支援システム（ＡＤＡＳ：Advanced Driver-Assistance Systems）として、「オートパイロット（autopilot）」を自社開発して、完全自動運転化（ＦＳＤ：Full Self-Driving）に向けた取り組みを進めています。

自動運転のレベルは現在、米国自動車技術者協会（ＳＡＥ：Society of Automotive Engineers）が設定したレベル0からレベル5までの6つの段階が基準となっています。レベル0は、従来通りドライバーが運転するという状態で、ドライバーが全ての主制御系統の操作を行うレベルを指します。

レベル1からレベル5までは自動運転の程度で分けられており、レベル1は、「自動で止まる」「前方の車に追随して走る」「車線からはみ出さない」など、システムが前後左右のいずれかの車両制御を実施する「運転支援」のレベルで、これを起点にして自動運転の程度が上がっていき、システムが常時全ての運転タスクを実施するという「完全自動運転」のレベルが最高位のレベル5となります。

テスラが目指すレベル5の完全自動運転車の開発は、「ビジョンとプランニングのための高度なAIに基づくアプローチ」によって進められています。AIに基づくアプローチの中心となるのは、「ニューラルネットワーク」と「オートノミーアルゴリズム」の2つで、テスラはこれらの最先端技術を駆使して、「不確定で複雑な現実の状況下で動作する強固なプランニングと意志決定システム（オートパイロット）」を構築しています。

具体的には、車両に取り付けた複数のカメラから映像を取得して、道路レイアウト、静的インフラストラクチャ、3Dオブジェクトなど膨大な生データを解析したうえで、捉えた空間を忠実に再現し、その空間内で車の走行軌跡をプランニングすることで、車を運転するためのコア・アルゴリズムを開発しています。

それでは、このオートパイロットの開発は、現在どのレベルまで進んでいるのでしょうか。オートパイロットは、SAEが設定した基準で言えば、自動運転レベル2を実現する機能まで開発が進んでいます。この機能は、車両に搭載された8台のカメラと車載コンピューター「ハードウェア3」によって実用化されるに至っています。

具体的には、360度の視界と最長250m先の視認が可能な8台の車両カメラにより全方位で取得した情報をハードウェア3が圧倒的な処理能力で理解し、独自開発したニューラルネットを実行することにより、同じ車線内でのハンドル操作や加速、ブレーキを自動的に行うことを可能にしています。

テスラの新型車両には、あらゆる状況における自動運転に対応するために将来必要となるハードウェアが搭載されています。このシステムは、将来的にドライバーによるアクションを一切必要とせずに移動が行えるように設計されていることから、テスラが早期の完全自動運転を目指して開発を進めていることがうかがえます。

テスラは、「ドライバーの監視を必要としない機能を実現するには、何百万マイルにもおよぶ経験で裏打ちされた人間のドライバーを超える信頼性を習得する必要がある」ことを十分に理解して、デジタルツインを活用した開発を進めています。

実際に路上で走行するテスラ車から、車両の性能データや気候データなど膨大なデータをクラウドに集めて人工知能が期待通りに動作するかを診断し、仮想空間で現実の物理世界と同じ環境を再現しながらシミュレーションを行い、その結果を現実の世界にフィードバックして車両の構成値を調整したり性能を向上させたりする取り組みを実現しています。

他の自動車メーカーの多くが、プロトタイプでデータを収集しながら開発を行っているのに対し、テスラはデジタルツインによりオートパイロットの機能改善や性能向上を図るとともに、ソフトウェアアップデートによる実装の仕組みを既に整えているという意味で、完全自動運転車の開発において先行していると言えるでしょう。

3．ウーバー：「スケーラブルなAIシステム」の構築

長年タクシー業界は、法人タクシーもしくは個人タクシーと顧客との構図、すなわち、1人の運転手が貸し切り車両を運行するサービスとしてビジネスが展開されてきました。タクシー会社もしくは個人が、タクシーという乗り物（自動車）を予め用意して、顧客を目的地まで運ぶという乗車サービスです。

乗車サービスには、空車のタクシーを公共のタクシー乗り場に待機させたり走行させたりして利用者が通りかかったタクシーを利用するという「流し営業」と、タクシーを営業所に待機させて利用者からの呼び出しに応じて配車するという「呼び出し主体の営業」の2つが存在します。

このようなサービスは、1台の車両に1人の運転手が乗車し1人もしくは1グループ

の顧客しか乗車できないことや、労働装備率（従業員１人当たりの設備投資額）を高める資本投資が困難であること、事業規模によらず人件費が７割前後と高い比率を占めることなどから、規模の経済が働きにくく労働生産性の改善が図りにくいという構造的な問題が古くから存在しました。

こうした構造的な問題に変革をもたらしたのがウーバーです。ウーバーは、既存のタクシー事業者よりも料金を安く設定し、待ち時間を短縮し、車両を清潔に保ち、ドライバーの接客態度を向上させ、手軽に電子決済ができるようにして、従来のタクシーサービスの在り方を劇的に変えました。

この変化は、「ライドシェア」という新たなビジネスモデルを構築することによってもたらされました。ウーバーは、ドライバーを、タクシー事業を生業とする運転手に限定せず、自動車の所有者全てを対象とする一方で、同じ方向の目的地に移動したい顧客を複数相乗りさせることで需要と供給の在り方を再構築しました。そのうえで、ドライバーと顧客の両者をマッチングするシステムとして、「ウーバーアプリ（配車アプリ）」を開発したのです。

配車アプリによるライドシェアサービスを展開するうえで重要となるのが、需要サイドの顧客と供給サイドのドライバーを結び付ける精度です。なぜなら、この需給のマッチング精度こそが、顧客の待ち時間を左右し収益に直結することになるからです。

多くの市場でウーバーが得る収入は固定されています。配車アプリでドライバーと乗車希望の顧客をつなげる1回のサービスについて、料金のおよそ20〜25%がウーバーの利益となり、残った分がドライバーの報酬となります。

配車アプリは、乗客向けアプリとドライバー向けアプリの2つで構成され、その間にサーバーシステムを介するなど、複雑な設計になっています。

乗客向けアプリでは、乗客である利用者の待ち時間を最小限にしてタクシーを呼べることが、また、ドライバー向けアプリでは、配車の待ち時間を最小限にして配車の効率性を高めることがそれぞれ重要な評価ポイントとなります。

いずれも配車、マッチングの観点から、アルゴリズムを駆使することで、配車の効率性や需給予測の精度を高める工夫をしています。通常のアルゴリズムでは、乗客である需要とドライバーである供給のバランスに応じて、運賃がリアルタイムに変動するプログラム「サージプライシング（割増料金）」を採用しています。

この利用料金が変動するプログラムは、従来、ホテル、航空会社、公共の交通機関などが、繁忙な期間や時間帯に宿泊料金や航空料金、乗車料金を高く、また閑散期は安く設定するなどして、顧客需要と供給とのバランスを取ってきた手法と同じです。ウーバーはこの「ダイナミックプライシング（価格変動制）」の手法をタクシー業界に取り入れたのです。

ウーバーがサージプライシングを導入することにより目指したのは、需給バランスの改善でした。すなわち、需要過多への対処です。一時的にタクシーの利用者が増えるエリアでは、空車が少なくタクシーが捕まりにくい状況が作り出されることから、そのエリアでは、通常料金よりも高いサージ（割増率）が設定されます。

ウーバーアプリでは、そうした高いサージが設定されたエリアは色が変わり、区画ごとにサージが表示されることから、ドライバーは、現在どのエリアが高い料金設定になっているかをリアルタイムに知ることができます。

結果として、より高い運賃で乗客を獲得するために、タクシーがそのエリアに集まることになります。タクシーがそのエリアに集まることで供給量が増え、徐々にサージが通常料金に向かって下がっていくことになり、最終的には需要過多が解消され需給バランスが取れることになります。

ウーバーのモデルが革新的なのは、アルゴリズムなど最先端の予測テクノロジーを活用して、リアルタイムで料金設定を調整している点にあります。これにより、利用者が乗りたい時に乗り易くなるという状況を作り出しているのです。

実際に、顧客が配車アプリによってウーバーのサービスを一度でも利用すれば、心から気に入ることになります。それゆえ、ほぼ全ての大都市で、配車アプリサービスが市場において適合している状態、すなわち、「プロダクトマーケットフィット（PMF：Product Market Fit）」を作り出しています。つまり、顧客の課題を満足させるサービスを提供することで、それが市場に受け入れられる状態を適切に作り出しているのです。

配車アプリでは、乗客とドライバーの安全性をさらに高めるための試みが恒常的に行われています。2018年には、911につながるボタンで乗客が自分のGPS位置を共有できる機能など複数のサービスをリリースし、翌年には、人工知能とドライバーのスマホを利用して車が事故を起こした際に直ぐに報告できる「ライドチェック（Ride Check）」機能を追加しています。

現在、ライドチェックには人工知能で、ドライバーが適切かつ安全な運転を行っているかリアルタイムでモニタリングできる仕組みが実装されるようになりました。たとえば、車が急停止して動かなくなった、あるいは、停車時間が極端に長いといったシーンでは、何らかの事故や事件に巻き込まれている可能性が否定できないことから、こういった状況を人工知能が検出して、ウーバーの担当者からドライバーに連絡を取り状況を確認するなどの手段が講じられています。

このように、ウーバーは車の中という密室空間での状況を人工知能によりモニタリングし、速度や時間などのデータを解析することで、乗客とドライバーの双方の安全性をより高める取り組みを恒常的に行っているのです。

機械学習プラットフォーム「ミケランジェロ」の導入

現在、ウーバーはライドシェアを始めさまざまな事業を展開していますが、それらの事業を実行するために構築したのが、「ミケランジェロ（Michelangelo）」と呼ばれる独自の機械学習プラットフォームです。

ミケランジェロは、顧客の行動データや取引記録などあらゆるデータを一元的に保存管理できるデータレイクであり、蓄積されたデータを解析しながら新たにさまざまな機械学習機能を開発し実装することができます。

ウーバーのどの事業チームもミケランジェロを使って、機械学習の機能や成果をビジネスに組み込むことができます。ミケランジェロを活用することで、機械学習機能の開発から実用化までのプロセスが、シームレスなワークフローとして進められるようになったのです。

実際、これまでに配車アプリに組み込んだサージプライシングを始め、食品配達マッチングにおける配達時間の予測などあらゆる機能が、ミケランジェロによって開発され実装されています。

ミケランジェロの導入は2017年になりますが、ウーバーでは、それ以前にも機械学習などのＡＩ技術の活用には積極的に取り組んでおり、社内に在籍するデータサイエンティストやエンジニアチームは、さまざまなツールを使って予測モデルを必要に応じて個別に開発していました。

こうした予測モデルの開発には、特別なスキルやツールが必要とされるうえに膨大な時間がかかります。また、開発されたモデルも、オープンソースが進化するスピードが速くなるにつれて、陳腐化するスピードが増しパフォーマンスも低下することになります。そのうえ、各部署でさまざまな予測モデルが同時並行で開発され、相互に共有が図られず比較する手立てもなかったことから、モデル開発の取り組みは必然的にサイロ化していくことになりました。

このような状況を打開するために、ウーバーのデータサイエンティストやエンジニアたちは、開発効率を高めるための変革に乗り出すことになります。それが、社内共通のプラットフォームとして一元的に管理して使えるミケランジェロの構築でした。

ミケランジェロでは、誰もが簡単に機械学習システムを開発したり利用したりできるように、機械学習機能の開発から実用化までのワークフローをエンドツーエンドで標準化し、複数のチームで共有できるようにしました。そのうえ、グラフィカルユーザーインターフェース（ＧＵＩ：Graphical User Interface）も、機械学習の成果などがグラフ表示で容易に読み取れるよう工夫し、操作も利用者が簡単に行える仕様になっています。

ミケランジェロが目指すべき最終目標は、データサイエンティストやエンジニアチームが個々の取り組みで目前の課題解決につながる開発を行うことだけに留まるのではなく、事業の拡大とともに成長するスケーラブルなＡＩシステムを構築していくことにあります。

既に機械学習が導入されている事例のひとつに、ウーバーイーツのフードデリバリー・プラットフォームがあります。このプラットフォームには、料理の配達時間の予測、レストラン・ランキング、検索オートコンプリート（候補キーワード表示）など、ミケランジェロのモデルが複数活用されています。

たとえば、料理の配達時間の予測では、料理を調理してから配達するまでの時間を機械学習により予測して、注文する際に予め顧客に配達時間を提示することができます。通常、料理の配達には、注文から配達に至るまで多段階のプロセスが伴うことから、配達時間を予測して特定化するのは容易ではありません。

調理時間の予測には、レシピの複雑さやレストランの混み具合などの要因が、また、配達時間の予測には、配達者の選定や道路の混雑状況などの要因が複数存在するように、それぞれのプロセスにおいて考慮すべき要因が多数存在します。

ミケランジェロは、こうしたさまざまな要因を想定して、データ解析を行います。解析の対象となるデータは、過去に蓄積してきたデータとリアルタイムで収集されるデータの2種類で、前者は、1メニューの料理にかかる時間や過去の配達に要した時間などが、また、後者は、顧客の現在地や検索日時、レストランの混み具合、渋滞状況などのデータがそれぞれ該当します。

　こうしたデータは、膨大に蓄積されたビッグデータであるため、顧客が検索する時点で、調理から配達に至るまでの全てのプロセスで要する時間を一つひとつ計算していては、タイムリーに顧客に予測結果を示すことは不可能です。そのため、ミケランジェロでは、過去に蓄積してきたデータの新しさの度合いに応じて、データの事前処理をしたり格納場所を変えたりして、解析時間を短縮する工夫が施されています。

　たとえば、調理時間を予測する際には、リアルタイムで計算するのは直近1時間の平均調理時間で、これに事前に計算しておいた過去1週間の平均調理時間を組み合わせることで、調理時間の高速な予測を可能とし顧客のスマホなどにタイムリーに表示するのです。

　こうして顧客に提示された予測データは、ミケランジェロにトランザクションデータとして蓄積され、これらのデータを活用して学習や評価を重ねていくことで、さらにより精度の高い予測を生み出すことができるのです。

　このように、ミケランジェロは、機械学習により新たな機能を実装して活用できる社内共通のプラットフォームとしてウーバーの事業を支援しています。社内で新たに生まれるアイディアをビジネスに即座に反映できるよう、現在も継続的に改良が進められています。それゆえ、ミケランジェロは、生産性を恒常的に高める独自のケイパビリティとして、充分に機能しているのです。

ウーバーアプリが市場にもたらした功績

ウーバーがタクシー業界に風穴を開けることができたのは、タクシーを利用する顧客の最も有意義な情報が何であるかを見抜いたからです。それは、「顧客の現在位置」と「利用したい時間」でした。

これら2つの情報を最適なタイミングで取得して、ウーバーは最速でタクシーを顧客がいる場所に向かわせるというアクセス権を確保したのです。このアクセス権は、当時既に普及が進んでいたスマホに配車アプリを組み込むことで実現するに至りました。

これにより、既存のタクシーよりも低料金で簡単かつ便利なエクスペリエンスを顧客に提供するという新たなる価値を創出したのです。以降、配車アプリの開発は、競合を始めさまざまな企業が乗り出すことになりました。

ウーバーは米国を起点として世界に進出し、時には失敗して市場撤退をしながら成長を続け、今では米国以外でも世界９００以上の都市圏で事業を展開していますが、ウーバーのビジネスモデルは、その形を変え、米国のリフト（Ｌｙｆｔ）、中国のディディチューシン（Ｄ·ｉＤ·ｉ：滴滴出行）、シンガポールのグラブ（Ｇｒａｂ）、インドネシアのゴジェック（Gojek）などのライドシェアの類似モデルを生み出すに至りました。

従来、飲食店業界では、来店した顧客に紙のメニューを見せて注文を取っていましたが、これに風穴を開けたのがグラブハブ（Grubhub）でした。グラブハブは、メニューのデジタル化を指向し、オンラインとモバイルによる食品注文サービスを展開したのです。

その後、オンラインによる食品の宅配がニューノーマルになると、フードデリバリーの需要が増え、小売店や飲食店ではデリバリースタッフの確保が深刻な問題となって表れます。

増大する注文数を既存のデリバリースタッフでは補いきれないことから、新たにスタッフを自前で確保する必要が生じることになり、この点に事業機会を見出した起業家が、フードデリバリー専業のスタートアップを次々と立ち上げていくことになります。

ウーバーイーツが、ウーバーフレッシュ（Uber FRESH）の名称で市場に参入する２０１４年頃には、グラブハブ、ポストメイツ（Postmates）、ドアダッシュ（DoorDash）

など多くの先発企業が既にフードデリバリー事業を展開していましたが、デリバリースタッフの調達に加え、注文から配達に至るバリューチェーンの効率的な運用は、まだ発展途上の段階にありました。

そこに、ウーバーは、シェアリングエコノミーとウーバーアプリを持ち込んで、フードデリバリーの事業プロセスに内在化する問題を改善し劇的に効率性を高めるに至ります。余剰時間にのみ出前を行うというシステムの導入で労働需要を新たに喚起させ、その労働需要に人工知能を組み込んだウーバーアプリを介して注文需要と結びつけることで、マッチングの速度と精度を高めたのです。

ウーバーは、フードデリバリー業界では後発企業でありながら既存の競合を猛追して、2019年には、老舗のグラブハブを抜き業界のリーダーの地位を確立するに至っています。

4　ウォルマート：「インテリジェント・リテール」の確立

ウォルマートは、自社のミッションとして「お客さまに低価格で価値あるお買い物の機会を提供し、よりよい生活の実現に寄与します」を掲げ、創業以来変わることなく今日に至るまで受け継がれています。

このミッションは、従来のウォルマートで言えば、創業時に掲げた2大スローガンである「豊富な品揃え」や「ＥＤＬＰ（EveryDay Low Price：毎日低価格）」に結実するもので、低価格で豊富な商品を提供し続けてさえいれば、顧客に評価され世界最大の小売企業へと昇り詰めることは可能でした。

しかし今日では、豊富な品揃えのもと低価格で商品を提供するのは小売業界では当たり前のことであり、それだけでは顧客ロイヤリティを恒常的に維持することは不可能になりつつあります。

そのため、ウォルマートは、デジタル化によりカスタマーエクスペリエンスを変革することで自社のミッションを再定義し、米国のみならず世界の流通業界を根本的に変える試みを行ったのです。

その結果、リアルの店舗販売を主軸としながらも、製配販、すなわち、メーカーである「製」、中間流通・卸である「配」、小売である「販」の3つを垂直統合して、ＤＸ化による全体最適をものの見事に成し遂げることでスケールアウトするに至りました。

この成功は、3回にわたるデジタル変革、すなわち、「70年代のデジタル化」「電子商取引（EC）サイトの開設」「インテリジェント・リテールの構築」によりもたらされました。

ウォルマートは創業が雑貨店で始まったことから、リアルの店舗に留まるオールドエコノミーの代表格であると連想されがちですが、実際には、小売業界のみならず全ての企業の中でもテクノロジーの導入を先駆的に進めてきた企業であります。

ウォルマートによるデジタル変革は、「POSシステム」の導入から始まることになります。全米食品チェーン協会によるバーコード規格策定開始以降、バーコードの開発が進み、1973年にUPC（Universal Product Code）がバーコードとして初めて登場したことから、ウォルマートはその導入に踏み切ります。

22店舗による試験的な導入を経て、レジ稼働率が向上したことを見極めたうえで、1988年にはほぼ全店舗のPOS化に至ります。当時、業務用コンピューター1台の価格は高級車1台に相当したことから、費用対効果における厳格な審査のもとに社内では侃々諤々の議論が展開された後、創業者で当時CEOであった倹約家のサム・ウォルトン氏が、最終的にPOS導入の経営判断を下しました。

その後、このPOSシステムを積極的にマーケティングに活用していきます。商品ごとの売上データを解析して販売傾向を予測したり、カートに一緒に入れられる商品の確率を予測したりするバスケット分析など、今では当たり前のように行われていることを競合に先駆けて、いち早く展開したのです。

他方で、店舗で収集されたデータを本部に送るために専用回線を設置して、「データ交換システム（ＥＤＩ：Electronic Data Interchange）」を構築するに至ります。この構築により、店舗の売上データに加え、受発注データも本部での解析が可能になったことから、一括発注のみならず店舗間の在庫融通などによる最適化が図られるようになりました。

また、１９８７年には7億ドルを投じて通信衛星を自前で打ち上げ、自社の専用回線が届かないローカル店舗との通信を可能にするネットワーク網を構築するに至ります。当時は、インターネットが商用化前であったことから衛星通信を使わざるを得なかったわけですが、これにより、ウォルマートは約１日で全店舗の販売データを本部に集約して解析できるネットワークシステムを作り上げました。

こうした仕組みは、時系列に整理された大量の業務データを管理するシステムという意味で、データウェアハウスとして位置付けられますが、ウォルマートはこのデータウェアハウスを1990年までに完成させ、これをその直後に商用化が開始されたインターネットに接続することで、サプライヤーにデータを無料で開示するに至ります。

この情報システムを、「リテールリンク（retail link）」の名称で、1991年にプライベートe-マーケットプレイスとして稼働させ、1998年にはブラウザベースでの利用を開始します。

ウォルマートがP&Gと締結した「製販同盟」（1987年）は、このリテールリンクの先駆けと位置付けることができます。P&Gのようなウォルマートへの販売依存度が高いサプライヤーにとって、ウォルマートが保有する販売データは極めて価値が高いと言えます。なぜなら、販売データから売上を予測し過剰生産や欠品などを防ぐことができるからです。

製販同盟の締結により、P&Gはこうした余剰在庫や機会損失に伴う膨大なコストだけでなくマーケティングリサーチにかかるコストの削減が可能となる一方で、ウォルマートに対しては精緻な生産計画に基づく確実かつ迅速な供給を保証するとともに、仕入価格の割引還元を実現することが可能となりました。

このように、小売であるバイヤーとメーカーなどのサプライヤーの双方がウィンウィンの関係を構築できる仕組みを、ウォルマートがリテールリンクとして競合に先駆け90年代に完成するに至ったことは、極めて画期的なイノベーションであると言えます。

従来、バイヤーとサプライヤーとは、手の内を見せずに相手の腹を探りながら取引を進めるという交渉型の取引形態を採らざるを得ませんでしたが、リテールリンクは、それをデータ解析結果に基づく協同型の取引形態へと転換させ、製配販を垂直統合した協同管理システムとして生産性や効率性を高めることで新たな顧客価値を生み出すことに成功したのです。

こうしたリテールリンクに至るまでの一連のデジタル化の取り組みにより、ウォルマートは、テクノロジー企業への転換を果たすことになりますが、この転換は、米国の流通業界全体に大きな影響を及ぼすことになりました。

リテールリンクはその後しばらくの間、競合他社の追随を許すことはありませんでしたが、コストコやクローガーなど競合が追随してくると、リテールリンクの提供対象を販売データのみならず、サプライヤーが必要とするサプライチェーンに関するさまざまなデータを追加しながら、リテールリンクを進化させていくことで優位性を維持していったのです。

EC専用「ウォルマート・ドットコム」立ち上げ

リテールリンクの展開と強化により、ウォルマートは競合企業との間で一時的に優位性を築くことになりますが、１９９０年代半ばから、アマゾンなどデジタルネイティブ企業がオンライン小売を展開し始めたことから、これに対抗して２０００年にEC専用の部門を開設し、ECサイト「ウォルマート・ドットコム（Walmart.com）」を立ち上げることになります。

しかし、この時期ウォルマートは、「スーパーセンター」が飛躍的な成長を遂げていたことから店舗投資が優先され、ECサイトに対しては経営資源が十分に振り向けられなかったため、ネット通販の業績が上向くことはありませんでした。

ウォルマートはこれまで、時代の変化を敏感に察知しながら、リテールの業態を進化させてきました。開業当初の雑貨店である「バラエティストア」に始まり、「ディスカウントストア」を開いてバラエティストアを大型化し（１９６２年）、さらに、ディスカウントストアにスーパーマーケット機能を追加して「スーパーセンター」を立ち上げ（１９８８年）、現在に至ります。

しかしながら、スーパーセンターの成長が一区切りついた２０００年代の後半になると、急速に売上が鈍化し始めます。それまで、2桁成長を維持してきた売上高成長率が、1桁台前半まで落ち込んだのです。

その要因は、既存の競合企業であるコストコやクローガーなどの存在に加え、アマゾンが取扱商品を急速に増やし一大マーケットプレイスを構築して、オンラインサイドから小売市場のシェアを飛躍的に高めたことにありますが、決定的な要因は、ウォルマートがオンライン小売事業の将来性を見極めることができなかったことにありました。

この状況を打開するために、ウォルマートが採ったのは買収・提携によるＤＸ戦略でした。２０１０年以降、ＥＣ関連企業の買収・提携を次々と進めていくことで、技術と人材の両面からＤＸによる強力なビジネスエコシステムを構築していきます。

この戦略の狙いは、ＥＣサイトの強化に留まるものではありませんでした。社内のレガシーシステムを見直し、世界標準のシステムに作り替えることが真の狙いでした。つまり、将来のデジタル戦略のベースとなるシステムの構築です。これは、「パンゲア(Pangaea)」というプロジェクト名で進められることになります。

しかし、この作業は、バリューチェーンの全ての工程でデータベースやソフトウェアなどゼロからシステムを再構築することに加え、グローバルレベルでウォルマート傘下のグループ企業も利用できるようにする、いわゆる「デジタルバリューチェーン」の構築を目指したことから、困難を極めるものとなりました。

その後、ウォルマートは数々の買収により、ECの技術やビジネスに精通した経験値の高い人材に加え、アプリケーションやデータ解析に関わる技術もしくはビジネスモデルを次々と取り込んでいきます。

2011年に買収したコスミックス（Kosmix）は、検索エンジンとデータ解析を強みとし、主にネットにある膨大な情報をトピック別に整理する技術を開発することに長けた会社で、ウォルマートはこれを「ウォルマートラボ（Walmart Labs）」の組織名に変更して傘下に組み込み、R&D（研究開発）部門として発足させます。

2016年には、ウォルマート史上最高額の33億ドルでネット通販のスタートアップであるジェット・ドットコム（Jet.com）を買収します。ジェット・ドットコムの創業者でCEOでもあったマーク・ローリー氏をウォルマートEC部門の総責任者に就任させEC事業全体を統括させることで、ウォルマート・ドットコムの改革が進められ、ウォルマートECが進化していくことになります。

ローリー氏がＥＣ事業で採った方針は、取扱商品を拡大して豊富な品揃えを実現することによりアマゾンに近づけていくというシンプルなものでした。ただ、ウォルマートはリアルの小売企業として店舗という資産を持っており、この点がアマゾンのようなＥＣ企業に対する強みでもあったことから、これを最大限に有効活用すべきであるとの考えを持っていました。

この方針のもと、ジェット・ドットコムを独立組織として残したまま、ウォルマートＥＣ部門とジェット・ドットコムとの間で、人材交流に加え、ビジネスモデルやノウハウなどの共有が進み、ウォルマート・ドットコムは、ジェット・ドットコムが保有する各種ブランドや技術を取り込んでいくことになります。

やがて、ウォルマートＥＣ事業が大きな成長を遂げる一方で、ジェット・ドットコムの事業が伸び悩むようになると、ＥＣ事業に経営資源を集中させた方が投資リターンは高いと判断して、ジェット・ドットコムを経営統合するに至ります（２０１９年）。

ただ、ニューヨークなどの大都市では、ジェット・ドットコムの認知度が依然として高く、ウォルマート・ドットコムでは取り扱っていないナイキやアップルなどの商品も販売していたことから、ジェット・ドットコムのブランドはそのまま残し事業を続けていくことになりました。

　２０００年代以降、ＥＣ部門は、顧客の消費行動が少しずつ変化し始めていることを察知したことから、店舗という資産を生かした取り組みも強化しています。その消費行動とは、コモディティ商品をネットで事前に買い求める一方で、生鮮食品などは店頭で自分の目で確かめて購入し、帰る際にネットで買ったものを合わせてピックアップするという顧客が増えているという現象です。

　こうした消費行動は、米国では、「BOPIS（バイオンライン・ピックアップインストア）」と呼ばれ、ウォルマート・ドットコムは、約４７００に達する店舗網を最大限に生かして、これに対応する強化策を打ち出していきます。

　一般的に、BOPISには、２つの方法があります。ひとつは、店内のカスタマーカウンターやロッカーで顧客が商品をピックアップする「インストアピックアップ」で、もうひとつは、駐車場で待機する顧客にパーソナルショッパーが商品を車まで運ぶ「カーブサイドピックアップ」の方法です。ウォルマート・ドットコムは、どちらの方法もオムニチャネル戦略として展開しています。

　最初に着手したのは、前者のインストアピックアップで、「サイト・トゥ・ストア

（Site to Store）」のサービス名称で、２００７年に米国12州７５０店舗以上で開始していこのサービスでは、ウォルマート・ドットコムで注文した商品を最寄りのウォルマート店舗のカスタマーカウンターで受け取る場合、受け取り時間は10～22時迄に限定されるとの制約がありますが、ロッカーの場合には24時間受け取りが可能で、受け取り手数料はどちらも無料となります。

一方、カーブサイドピックアップは２０１４年に、「ＯＧＰ（オンライン・グロサリー・ピックアップ）」のサービス名で開始されています。これは、専用アプリで注文した商品を専用のフルフィルメントセンター（物流センター）に隣接したピックアップ専用駐車スペースで受け取ることが可能なサービスで、ピックアップ専用駐車スペースでは、利用者は車から降りることなく、注文から最短2時間で商品を受け取ることが可能となります。

サイト・トゥ・ストアにしてもＯＧＰにしても、顧客と店舗の双方に大きなメリットをもたらすことになりました。すなわち、顧客側では、商品受け取りの選択肢が増えるうえデリバリー時間の圧倒的な短縮が図れることになり、店舗側では、会計や品出しなどのオペレーションが簡略化でき配送コストの大幅な軽減が可能となったのです。

インテリジェント・リテールの確立

ウォルマートでは、2014年にダグ・マクミロン氏がCEOに就任して以降、デジタルシフトの方針が打ち出され、急速にDXが進められていくことになりますが、デジタル化によりカスタマーエクスペリエンスを変える一方で、店舗管理、在庫管理、人材管理などの業務の効率性を飛躍的に高める取り組みにも注力しています。

ウォルマートがDXに成功したのは、世界一の従来型小売企業という強みを否定することなく、むしろそれを最大限に生かしてデジタル化を進め価値を高めた点にあります。小売のための店舗機能はそのまま残しつつも、「インテリジェント・リテール(Intelligent Retail)」として店舗を再定義したのです。

ウォルマートが目指したインテリジェント・リテールとは、店舗そのものが高度な情報処理能力を持つことで、自ら知的に思考してオペレーションを行えるようにすることでした。これは、店舗をITやAI化によりアップデートする試みでもあり、顧客をIDで管理し決済データを収集するなどデジタルで顧客とつながる作業を着実に進めることで、顧客との間に継続的で良好な関係を築き上げる体制を組織的に創り上げていくというものでした。

店舗管理では、見積もりやインボイスなどのデータをレビューするオートメーションシステムが機械学習により構築されており、恒常的にその精度を高めながらコスト削減による効率化が図られています。

また、各店舗には数千台にものぼるＩｏＴ機器が配備されており、これらのデバイスがデータポイント（米国内全店舗では７００万以上にのぼる）として稼働しながら、店舗内のさまざまなコンディションに関する約15億にも達する膨大なメッセージを日々送信することで、タイムリーに店舗機能の調整を行っています。

ＩｏＴ機器から集められたビッグデータは、高度なアルゴリズムで解析されることにより、トラブルがリアルタイムに検出され、改善されるべきアクションがタイムリーに実行されるよう設定されています。

店舗内で稼働するクーラーや冷蔵庫などは、ＩｏＴシステムがモニタリングして商品品質を厳格に管理しています。モニタリングでは、温度やパフォーマンスなどが監視され、適切な食品安全基準の維持のみならず、故障によるダウンタイムやコストの削減にも努めています。

他方で、店舗内のさまざまな作業において自動化も進んでいます。床磨きの作業は、「オートC（Auto-C）」と呼ばれる自律走行型の床磨きロボットが、予め記憶された走行ルートを人や障害物を避けながら巡回して行い、店頭在庫確認作業は、「オートS（Auto-S）」と呼ばれる、同じく自律走行型のロボットが夜間に店内を走行して、補充が必要な商品をチェックしたり、陳列場所や表示価格が適正かどうかを確認したりしています。

バックヤードでは、「ファスト・アンローダー（FAST Unloader）」がトラックで配送される商品の荷下ろしを自動で行うとともに、オートSと連携して荷受け検品作業を自動で行い、陳列場所に応じた商品仕分けも自動でこなします。

ネットで注文を受けた商品の引渡しも、「ピックアップタワー（Pickup Tower）」が行っています。ピックアップタワーは自動販売機に似た縦長の大型な機械で、顧客に届く商品到着メールに記載されたバーコードを読み取ると、ピックアップタワー内に保管された商品が自動的に出てきます。

人材管理では、デジタルを取り入れて従業員の働き方を見直しています。たとえば、各種アプリの開発です。ウォルマートは、これまで店舗従業員と倉庫作業員向けに2つのアプリ、すなわち、「店員専用アプリ」と「ＡＲアプリ」を開発して実用化するに至っています。

店員専用アプリは、商品が店舗に届いたり欠品が生じたりした場合に自動的に通知してくれるもので、在庫をリアルタイムに把握することができます。これにより、業務効率の向上のみならず、事業機会の逸失も回避できることになります。

ＡＲアプリには、倉庫の棚から必要な商品を見つけ出すことができる機能が備わっており、作業員が在庫棚にスマホを向けると、ピックアップしたい商品に緑色のチェックマークがついて、簡単に探し出すことができます。

これにより、1商品当たり平均２・５分かかっていた商品検索時間が42秒に短縮され、3分の1以下で目当ての商品を探し出すことが可能となったのです。各店舗が通常12万種類の商品アイテムを取扱い、１万５０００箱の在庫を保管していることを考慮すれば、利益圧迫要因となっていた商品補充の遅延が劇的に改善されることになります。

こうした一連の店舗内のデジタル化は、ニューヨーク州のレビットタウンに立地する「インテリジェント・リテール・ラボ（ＩＲＬ：Intelligent Retail Lab）」と呼ばれる実験店舗で予め実証実験が行われたうえで、本格的に導入されています。

ＩＲＬの店舗には、ＡＩファクトリーと言っても過言ではないくらい、複数のデジタルデバイスがあらゆる場所に設置され、ＡＩ解析によるデモンストレーションが行われています。たとえば、棚や通路に設置されている監視カメラは、棚にある商品を自動的に検知し商品の補充や鮮度の落ちた商品の回収時機を事前に認識して警告を出します。カメラの他にも、センサーや重量計などのＩｏＴ機器がさまざまな場所に設置されており、これらの機器から取得されたビッグデータが機械学習により解析され、店員に多面的な指示を出すことで、業務改善やコスト削減など効率性や生産性の向上につなげる試みが行われています。

こうした試みは、システム開発担当者などのエンジニアが店舗に常駐して実施されています。店舗内でプログラムの試作版が開発されると、それを店員が実際に試してフィードバックし改良や改善が図られていきます。実用化できるレベルに達するまでエンジニアと店員との共同作業は続き、実際に使えるようになった段階で各店舗に水平展開されることになります。

こうしたエンジニアと店員による現場でのコラボレーション開発は、従来の開発プロセスで切り離されていたバリューチェーンの川上と川下を結ぶもので、合理的で独自なプロセスであると言えます。

IoT機器とAIを活用して業務の効率性や生産性を高めるためには、店舗での意思決定に役立つ情報を見極めたうえで、デジタルで管理できる部分を積極的に自動化していくことができるか否かが問われることになりますが、ウォルマートは競合に先行してこれに着手し独自の開発プロセスを採ることで、DXを飛躍的に前進させることができるようになったのです。

5. アリババ：「新小売」から「新産業」へのデジタルシフト

アリババ（阿里巴巴）は、1999年の創業以来、中国の新しい経済を支えるインフラとしての役割を担ってきました。その基盤として、あらゆる分野の商品やサービスを仲介する巨大なECの複合体を築き上げました。

その複合体は、小売マーケットプレイス（タオバオ〔淘宝〕、ティーモール〔天猫〕など）、卸売マーケットプレイス（アリババインターナショナル、アリババチャイナ）、サポートサービス（オンライン決済や物流など）の3つで、これらの事業が相互に密接に関連し合いながらシナジーを生み出し、全体最適化されたビジネスエコシステムを形成しています。

アリババグループでは、小売にしても卸売にしても、物流はとても重要な位置づけにあります。中国では従来、欧米のＤＨＬやフェデックスに見られるように全国規模で展開する物流業者が存在せず、地域ごとに複数の物流業者がサービスを展開し市場を分け合っていたことから、物流の効率が必ずしも良いと言える状況にありませんでした。

こうした状況は、ＥＣの需要が高まるにつれてさらに顕著になったことから、アリババは物流の効率性を図ることを目的に、国内の複数の物流業者や運送会社と共同で「菜鳥（ツァイニャオ）網絡」を深圳《シンセン》に設立し（２０１３年）、その後、増資してアリババグループの子会社としました。

菜鳥網絡は、物流企業であるものの、自社でトラックなどを用意して配送するわけではなく、国内の主要な大手宅配企業である順豊、円通、申通などとともに、「中国智能物流骨幹網（チャイナ・スマートロジスティクス・ネットワーク：ＣＳＮ）」を構築し運用する会社です。

菜鳥網絡の強みは主に２つで、ビッグデータに基づく出荷物流予測と倉庫管理システムの連携が図られている点と、無人搬送車などによる徹底した無人化オペレーションが構築されている点にあります。

これらのシステムを使えば、現在の市場規模に基づく将来の出荷量を高い精度で予測でき、アリババグループ全体のＥＣプラットフォーム出品企業にデータ共有することが可能です。出品企業はこうした人工知能による需要予測を基に、自社の生産計画や在庫を調整できることになり、特に独身の日など大型イベントの際には、その効果が発揮されています。

中国市場経済で標準化の役割を担うＤＸ

長年、中国は、共産主義という政治システムの中で社会主義経済体制のもとに、国が人々の生活用品からインフラ、情報に至るまで全てを統制し制御して、国による分配が行われてきました。その中心に位置していたのは国有企業ですが、経済発展を目指す必要性から１９９０年代初頭に社会主義市場経済を標榜することになります。

市場経済の導入とともに、さまざまな産業分野で民営企業が立ち上がることになりますが、共産党と政府による強力な支配は、こうした民営企業にも及ぶことになります。ただ、政府は、経済成長を後押しするために、一定の範囲内で民営企業に裁量権を持たせて自由に企業活動を進めさせ、市場においてデファクトスタンダード（事実上の標準）が確立したところで、従来の法制度を改め新たな国の制度やシステムとして取り入れる手法を採るようになります。

現在、マイクロペイメント（少額決済）として中国の市場経済で必要不可欠となった「アリペイ（支付宝）」もそのひとつです。中国では、マイクロペイメントが普及する以前のネットショッピングの決済手段は、商品引き換えによる着払いに加え、クレジットカードや煩雑なネットバンキングによる先払いに限られていました。

こうした先払いによる決済サービスを提供できるのは、金融サービスの許認可を持っている金融機関のみであったことから、銀行でもないアリペイのアカウントシステムは規制対象となる可能性が高く利用者にとってリスクを伴うものでした。

しかし、アリペイはさまざまな障害を乗り越え、デファクトスタンダードを確立していくことになります。当時、タオバオなどプラットフォームにおける取引で問題となっていたのは、売り手と買い手の信頼関係の欠如でした。つまり、代金を払っても商品を送らない業者や、商品を送っても代金を支払わない顧客が多く存在したのです。

これを解消する取引モデルを早期に構築することが求められることになりますが、タ

【図表12】アリペイの電子決済サービスの仕組み

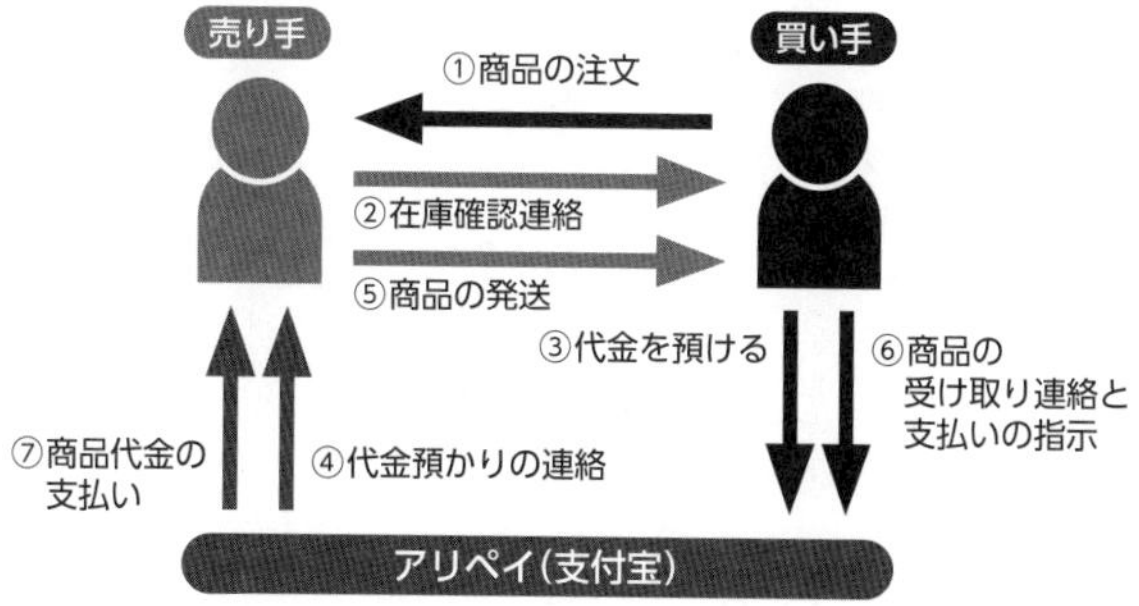

タオバオチームが最終的に注目したのが、「エスクロー（第三者預託）」の手法でした。エスクローとは、米国の不動産業界で発達してきた取引方法で、売り手と買い手の間に信頼のおける中立的な第三者が入って仲介し、決済までの一連の取引の安全性を担保するというものです。タオバオは、信頼のおける中立的な第三者として、売り手と買い手を仲介することで、双方の信頼関係を構築しようと考えました。

考案された取引モデルでは、買い手が商品注文後、代金をタオバオの法人口座に振り込み、タオバオは買い手の支払い完了に関する情報を受領後、売り手に出荷するよう通知し、商品が買い手に届いた後、その商品が事前に説明されていたものと合致していることを買い手が確認できれば、タオバオは売り手に代金を振り込むというプロセスを取ります。

このモデルは、売り手と買い手の信頼関係を築くものとなり、アリペイの原型になりました（図表12）。今ではタオバオの安定的な取引のベースになっているだけでなく、中国のモバイル決済シェアの50％を占めるまでに普及を遂げています。

このように、中国では、共産党や政府が民営企業の活力を利用して、自由裁量と統制のバランスを上手く取りながら、新たに生まれるシステムやサービスを孵化し市場に浸透させることで、経済成長を促しているのです。

産業全体のデジタルシフト「新産業」

アリババはこれまで、「新小売（New Retail）」を標榜して、主にＥＣの領域で零細小売店舗のＤＸ化を支援する一方で、デジタル化により顧客のカスタマーエクスペリエンスを高めることで、ＥＣ小売の包括的ＤＸの役割を担ってきましたが、近年、新たに「新産業（New Industry）」というキーワードを掲げ、産業全体のデジタル化による変革に本格的に取り組んでいます。

新産業とは、産業全体のデジタルシフトを意味し、具体的には、アリババがこれまで培ってきたデータアナリティクスなどの力を活用して、従来、データの利活用が十分に進んでこなかった産業に利便性や競争力において劇的な向上をもたらす取り組みを行っていくことで産業全体のＤＸ化を図ることを指します。

こうした取り組みの意図を、アリババが将来的にあらゆる産業を自社のエコシステムに取り込む囲い込み戦略であるとして捉えることもできますが、その真意は、産業全体でデータドリブン型のシステムを構築し全体最適により持続的に価値を生み出していくというＤＸ本来の目的にあると言えます。

アリババが産業全体のデジタルシフトを目指して取り組んでいる分野のひとつに、ヘルスケア領域があります。これまでアリババ直営の子会社である「アリヘルス（阿里健康）」を中心にして、ヘルスケア戦略を推進してきました。

アリヘルスの前身は、香港の株式市場に上場していた「中信21世紀」というインターネット関連会社で、２０１４年に買収して社名変更しています。アリババグループの医療関連サイト事業を統合するプラットフォーマーとして、ＥＣによる医薬品事業を中心に業績を伸ばしてきました。

アリヘルスは、「ビッグデータを通じて医療を促進し、インターネットを利用して公正かつ手頃でアクセス可能な医療及びヘルスケアサービスを10億人に提供する」という壮大なビジョンを掲げ、このビジョンに沿って、ヘルスケアプラットフォームである「天猫健康」を運営して、リアルとデジタルが融合したアフターデジタルな医療サービスを提供しています。

マイケル・ポーターとエリザベス・オルムステッド・テイスバーグが２００６年に示した研究によると、医療・ヘルスケア領域における「ケア・デリバリー・バリューチェーン（Care Delivery Valuechain）」は、病態を特定する「診断」に始まり、「治療行為の準備」「治療行為である介入」「回復のためのリハビリテーション」「モニタリングと管理」の５つで構成されたプロセスを取ります（図表13）。

アリヘルスは、この全てのプロセスを一元管理して医療・ヘルスケア領域でのホールサービス提供を実現するために、ＤＸ化を推し進めています。その窓口として開発されたのが、「アリヘルス・アプリ」です。

これを使えば、病気に関する知識や医療情報の閲覧は勿論、ウェアラブルデバイスで収集したデータ管理による異常の早期警告、健康診断の予約、オンラインドクターによる診療、市販の医薬品の購入などさまざまなサービスを享受することができます。

たとえば、オンラインドクターによる診療結果から問題が発見されると、専門医の紹

【図表13】ケアデリバリーバリューチェーン
（Care Delivery Valuechain）

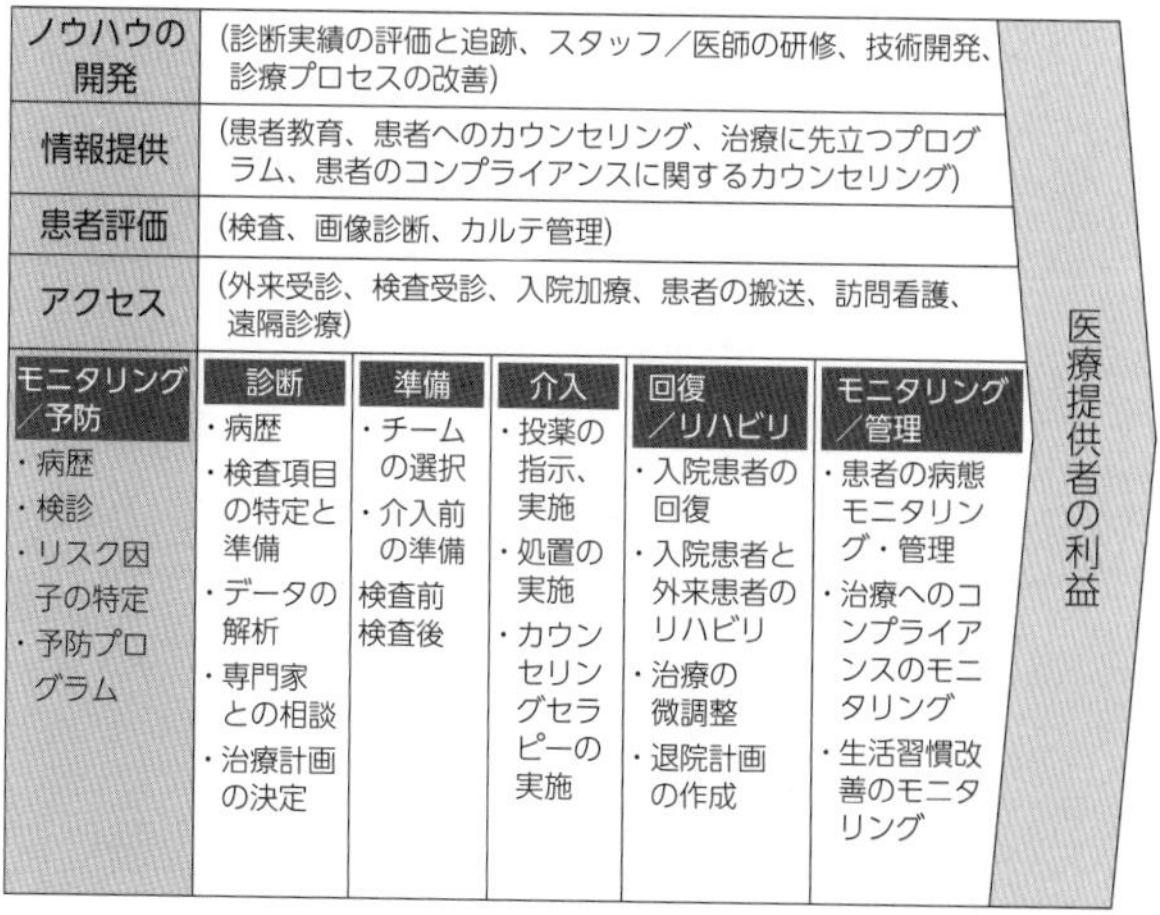

						医療提供者の利益
ノウハウの開発	（診断実績の評価と追跡、スタッフ／医師の研修、技術開発、診療プロセスの改善）					
情報提供	（患者教育、患者へのカウンセリング、治療に先立つプログラム、患者のコンプライアンスに関するカウンセリング）					
患者評価	（検査、画像診断、カルテ管理）					
アクセス	（外来受診、検査受診、入院加療、患者の搬送、訪問看護、遠隔診療）					
モニタリング／予防	診断	準備	介入	回復／リハビリ	モニタリング／管理	
・病歴 ・検診 ・リスク因子の特定 ・予防プログラム	・病歴 ・検査項目の特定と準備 ・データの解析 ・専門家との相談 ・治療計画の決定	・チームの選択 ・介入前の準備 検査前検査後	・投薬の指示、実施 ・処置の実施 ・カウンセリングセラピーの実施	・入院患者の回復 ・入院患者と外来患者のリハビリ ・治療の微調整 ・退院計画の作成	・患者の病態モニタリング・管理 ・治療へのコンプライアンスのモニタリング ・生活習慣改善のモニタリング	

出典：M. E. Porter and E. O. Teisberg, *Redefining Health Care: Creating Value-Based Competition on Results*, Harvard Business Review Press, 2006. を基に作成

介とともに、アプリがこれまで取得した個々の医療情報も併せて医師へ提供してくれます。処方箋もアリヘルスのオンライン薬局からデリバリーが可能で、病院や薬局への支払いもアリペイで済ませることが可能です。

　中国の病院には、公立と民間とがあり、その医療レベルからそれぞれ三等級に分類されています。公立病院は民間病院に比べ施設数や病床数が多く、医療サービスの質が高い傾向にあり、大学附属病院や総合病院などは医療レベルが最も高い三級に分類されています。

民間病院で医療レベルの高い三級と二級病院に分類されるのは全体の1割未満に留まり基礎医療が主体になっていることから、一般市民はよりレベルの高い公立病院の受診を目指します。

しかし、地方在住の患者が、大都市の大学附属病院や総合病院などで受診できる確率は極めて低いというのが現状です。地方在住の患者とその家族は数日前から都会に出て、直ぐに病院には行かず、まずは診療券発行代行屋に出向いて診療に必要な病院診療券（診療受付チケット）を発行してもらう必要があります。

代行屋は朝の3、4時から病院受付に並んで診療券を手に入れようと試みますが、入手するのはなかなか困難で診療を受けることができる患者は極めて少ないというのが実態です。1日の外来患者が1万人を超えるような大学附属病院や総合病院では、1日の診察人数に限界があるため、患者の半数以上は受付の段階で出身地方の病院リストを渡され、そこに行くよう指示されるのが当たり前になっています。

こうした状況を考慮すると、アリヘルスが実現した医療・ヘルスケアにおけるホールサービスの提供は、患者にとって極めて高い価値を生み出すものであることが分かります。アリヘルス・アプリにより、健康診断の予約やオンラインドクターの診療、処方箋の受領や会計など一連の手続きが自宅で可能となることから、手間やコストの削減だけでなく患者の心理的負担の軽減も図れるのです。

アリババのヘルスケア戦略は、こうしたミクロレベルのデジタル化による価値創出に留まるものではなく、医療・ヘルスケア産業全体のデジタルシフトによる価値の創出も図られています。その基盤となっているのが、ＡＩプラットフォームである「メディカルブレイン（Medical Brain：医療大脳）」です。

これは、医療機関との連携を強化するために、アリババクラウドが医療機関向けに開発した人工知能内蔵のプラットフォームで、高度なデータ・インテリジェンスを活用することでさまざまなソリューションを実現することが可能です。

それは、医療関連データの統合や構造化に始まり、医療記録管理の品質や効率性の向上、医師や看護師の人的資源の最適化や学習支援、画像解析による診断精度の向上、手術支援による精度の向上、発病予測モデルの構築など多岐にわたります。

アリババは、ＥＣ領域での成功体験を医療・ヘルスケア領域にも持ち込むことで、病院や医療施設との共存を図りながら、この領域でのＤＸ化を進めてきました。人工知能によるセルフ診断や医師によるリモート診断により病院に振り分けられる患者の最適化が図られることで、特定の病院への過度な集中を回避することができます。デジタルの力で医療・ヘルスケア業界に変革をもたらすことにより、エコシステムを再構築することが可能となるのです。

6．ネットフリックス：3度のDXでスケールアウト

ネットフリックス成功の源泉のひとつは、社会や事業環境の変化に応じて、DXを迅速に成し遂げた点にあります。競争の激しいビデオレンタル市場において、3度にわたるデジタル変革を成し遂げることで、グローバルレベルで消費行動を変え、創業から25年を経過した今でも顧客からの支持が高く、業界のリーダーとして成長し続けています（図表14）。

最初の変革は、オフラインからオンラインへの転換（1998年）でした。それまでの実店舗によるビデオレンタル方式を改め、レンタル予約を全て自社のウェブサイト上で完結し、既存の郵送網を使って配送を完了させる方式に移行したのです。コンテンツ配信の媒体についてもDVDに特化して画質劣化と配送料を抑えることで、利益圧迫要因を取り除きました。

【図表14】ネットフリックスのスケールアウトの変遷

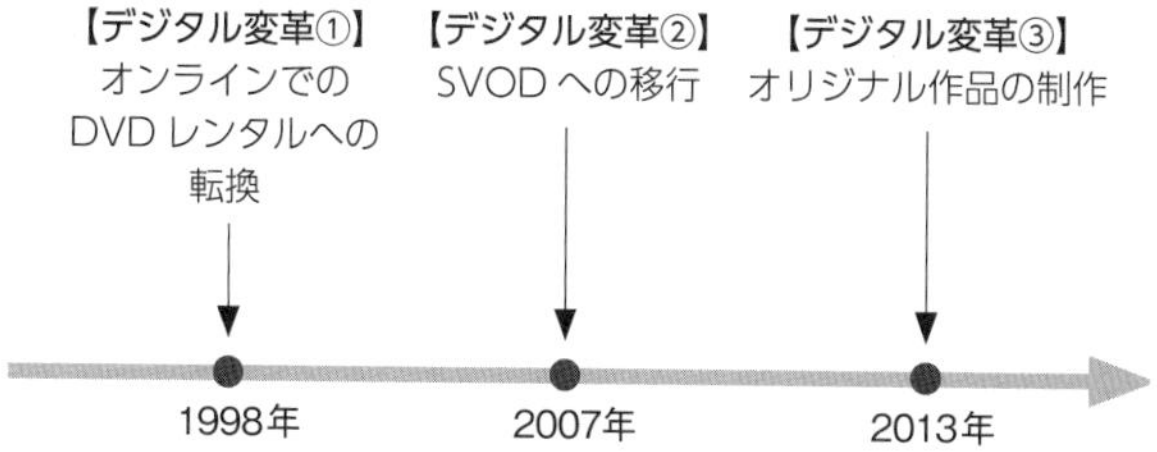

この変革により生み出した新たなる顧客価値は、利用者の来店移動やレジ待ちによる精算、返却などで生じていた時間的負担をほぼゼロに近づけたことです。

ただ、ウェブによる商品陳列や受付など業務プロセスの部分的なデジタル化は、ネット黎明期のビジネスに共通する手法であったことから、先発者優位の視点から競合に先行して確固たるポジションをいかにして築くかが重要であり、ネットフリックスは早い段階でこれを取り入れてシェアを伸ばしていくことになります。

しかし、DX化はこれだけに留まりませんでした。当初、ネットフリックスは小規模な一事業者に過ぎなかったことから、ブロックバスターなどの大手事業者のように、新作タイトルの調達力は高いとは言えず品揃えが十分ではありませんでした。それゆえ、自社の経営資源を旧作タイトルに集中させ、旧作の発掘と調達に注力し保有力を高めたのです。

そのうえで、旧作タイトルの推奨にも力を入れ、デジタル技術を活用して高精度のレコメンド機能の開発にも取り組みます。CEOのリード・ヘイスティングス氏（現会長）を含めネットフリックス創業時のエンジニアチームがレコメンドエンジン、すなわち、「シネマッチ」の開発を考え始めたのは1999年ですが、その後、このシネマッチの土台となっているアルゴリズムをさらに強化するために、外部組織や機関の参加を奨励したアルゴリズム・コンテストを開催するに至ります。

コンテストというオープンな競争環境を作ることでオープンイノベーションを誘発し、10%の精度向上を最初に達成したチームには、賞金100万ドルを支払うことを表明したことから、参加チーム間の開発競争が促進され、シネマッチのアルゴリズムの急速な改良が進むことになります。

シネマッチの原理は、いわゆる「協調フィルタリング」にあります。すなわち、5つ星の評価システムで会員の好みの映画を分析しクラスターを作成したうえで、クラスター内の一部の会員から高く評価されている映画を同じクラスター内の他のまだ評価していない会員に推奨するのです。

コンテストは最終的に、AT&Tの開発チームが10%の精度向上を果たし優勝を勝ち取ったことから、開催規程に従い、ＡＴ＆Ｔは開発したアルゴリズムの所有権を保持しつつ、ネットフリックスに対してその使用権を与えることになります。コンテストの成果を取り入れたレコメンドエンジンは、高度なシステムへと変貌を遂げ精度の高いシネマッチとして完成し、ローンチするに至ります。

これ以降、シネマッチは、在庫管理の面で大いに威力を発揮することになります。新作タイトルのリリース直後に需要の急増が見込まれる際には、シネマッチが直ぐにネットフリックス会員を旧作タイトルへと誘導することができるようになったため、新作タイトルを大量に仕入れなくても済むようになり、在庫コストを抑えることが可能となりました。

ＳＶＯＤによるストリーミング配信への移行

２つ目の変革は、コンテンツ配信を従来のＤＶＤレンタルからＳＶＯＤ（サブスクリプション・ビデオ・オンデマンド）によるストリーミング配信に移行したことです（２００７年）。

当時の米国では、通信回線がＡＤＳＬから光ファイバーに置き換わり、ＦＴＴＨ（ファイバー・トゥ・ザ・ホーム）化が進められていたことから、大容量のコンテンツを各家庭に高速で送ることが可能となり、こうしたブロードバンド化の波が、ストリーミング配信移行への追い風となりました。

ネットフリックスが採ったSVOD展開は、競合他社とは一線を画すものでした。先行する多くの競合企業がパソコンやスマホ上での配信に留まる中、顧客へのリーチを高めるためにマルチデバイス化を志向して、テレビでのコンテンツ配信を展開したのです。

当時のテレビは、依然としてホームエンターテインメントの中心であったことから、ネットフリックスは、画質と機能の両面で顧客価値を高めることに腐心します。画質では、競合のケーブルテレビや衛星放送、DVDと同等の品質で映像を提供し、機能では、リモコンに専用ボタンを設けることにしたのです。

これを推進するためにネットフリックスは提携戦略を採用します。まずは韓国の家電メーカーであるLGエレクトロニクスと提携し、自社製STB（セットトップボックス）の改良に着手することになります。STBにストリーミング専用ソフトを組み込むことで、消費者は、STB経由でネットから必要な信号を取り込み、テレビ画面でお好みの映画を直ちにストリーミング再生できるようになりました。

ＳＴＢは２００８年に完成し、「ロク（Ｒｏｋｕ）」のブランド名で1台99ドルの価格でローンチするに至ります。ロクは、アイスホッケー用パックとほぼ同寸で、テレビとの接続が簡単なうえ、映画の再生が始まるまでわずか20秒しかかからず、画質も高品質を実現したことから、初回出荷分は数週間のうちに品切れになるほど、顧客の評価は高いものとなりました。

これを契機に、ネットフリックスは新たな提携を次々と行っていくことで、マルチデバイス化を達成するに至ります。ノートパソコンや家庭用ゲーム端末などネット経由でビデオ再生が可能なデバイスのうち、ネットフリックスに対応したデバイスは3年間で２００種類以上に達することになりました。

このように、会員であれば、「観たい作品をいつでもどこでも観られる」という状況を作り出すことで、多チャンネル動画配信事業者（ＭＶＰＤ：Multichannel Video Programming Distributor）としてのポジションを競合に先駆けて築き上げるに至りました。

ＳＶＯＤによるストリーミング配信の成功は、ネットフリックスが２０１２年のエミー賞技術開発部門でプライムタイム・エミー・エンジニアリング賞を受賞して、ストリーミング配信を世に広めた功績が讃えられたことでもうかがえます。
SVODによるストリーミング配信の移行を果たした2007年以降、会員数は約35倍の2億2100万人（2021年）に、また、売上高は約150倍の296億9780万ドル（2021年）にそれぞれ達して、飛躍的なスケールアウトを遂げるに至っています。

人工知能を活用したオリジナルコンテンツの制作

3つ目の変革は、人工知能を活用したオリジナル作品をコンテンツに取り入れることで独自路線を貫くことでした（図表14）。オリジナル作品制作の狙いは、当然ながら新規加入者の増加に伴う会員の囲い込みにありましたが、ネットフリックスがリテンション力を最大限に高めることができたのは、それが高度な事業戦略に基づくものだったからです。

ネットフリックスは、オリジナルドラマや映画を新たに制作するにあたり、自社がこれまでに蓄積してきた会員のコンテンツ視聴などに関する膨大なデータを最大限に活用することを視野に入れて戦略を立てました。なぜなら、ビッグデータを活用すれば、注目度が高く観たいと思わせる監督や俳優を割り出せるうえ、潜在的視聴者の人数を予測することが可能になるからです。

たとえば、ネットフリックスが単独で制作発注したオリジナル作品である「ハウス・オブ・カード 野望の階段」は、人工知能によるビッグデータの解析結果から、監督のデビッド・フィンチャー氏と主演のケビン・スペイシー氏との間に興味深い共通項が存在することを事前に把握していました。

両氏とも一般視聴者の知名度が必ずしも高いと言い切ることはできませんが、フィンチャー氏にしてもスペイシー氏にしても、視聴者には、あるひとつの監督もしくは出演作品を視聴したらその他全ての作品も視聴したがるという共通点がありました。そのうえ、両氏のファンは揃って、「ハウス・オブ・カード」に興味をもっていました。

こうした分析結果を基に、１９９０年に英国で放送されたこの政治テレビドラマは、２０１３年にリメイクされ世界同時配信されることになります。本作品では、制作から配信に至るまで、さまざまな面で従来とは異なる方法が採られました。

制作面では、ネットフリックスの経営陣は、作品には一切関与することなく監督に全権委任を確約し、２シーズンの制作費としてハリウッド基準でも破格の１億ドルを充てました。十分な予算をかけて練り上げられた内容は徹底したマーケティングに裏付けられており、ホワイトハウスの背後で権謀術数を巡らすパワーゲームの描写は、まさしく米国政治のタブーに踏み込んだものであり、エンターテインメント性を徹底的に追求した骨太のストーリーとして、業界に大きなインパクトを与えることになります。

配信面では、「ハウス・オブ・カード」シーズン1の全話を一気に配信する方法を採りました。従来のテレビ番組は広告枠を売るため、たとえば、1クール3ヶ月など長期にわたり視聴率を確保する必要があったことから、週間配信による連続ドラマが基本でした。

そのため、全話を一気に配信するということの手法は、テレビ業界の常識を覆すものとなり、「ビンジウォッチング（binge-watching：一気見）」という連続テレビ番組を一気に何話も視聴するという新しい視聴スタイルとして定着することになります。

アナリストの多くは、同時配信直後の加入者の増加は一時的な現象に留まるもので、全話視聴終了後、新規加入者は解約すると予測しましたが、実際には、会員数は拡大し続け、「ハウス・オブ・カード」シーズン1の配信後1年の間に、会員数は3割以上増加しその後も増え続けることになりました。

「ハウス・オブ・カード」は、翌年にはシーズン２が公開され、主役のスペイシー氏がセクシャルハラスメント問題で降板したシーズン６まで制作が続きました。その間、テレビ業界で最も影響力のあるエミー賞で56回のノミネートを果たし、ドラマシリーズ部門の「演出監督賞」を始め合計７つの賞に輝くとともに、エミー賞に並び注目度の高いゴールデングローブ賞でも２回の受賞を果たし数々の栄誉に輝くことになりました。「ハウス・オブ・カード」の成功を嚆矢にして、ネットフリックスは、サブスクリプション（サブスク）によるＳＶＯＤのビジネスモデルをさらに変革し、独自路線を追求しながらオリジナル作品の配給スタイルを確立していくことになります。

映画業界のようなコンテンツビジネスは、「権利」が密接にかかわっており、長年この業界では、ひとつの映画作品を、期間をずらして複数のメディア媒体に登場させるという「ウィンドウ戦略」が踏襲されてきました。すなわち、劇場公開後にＶＯＤ、有料テレビ、無料テレビという順番で配信が可能になるという流れです。

しかし、ネットフリックスは、オリジナル作品の配信において独自路線を貫きました。それは、自ら制作費を投じて本格的なオリジナル作品の作り手になるとともに、作品の独占販売権を取得して、劇場公開せずに自社のプラットフォームでネット先行配信するというスタイルです。このスタイルを貫き通すことで、従来の劇場公開からメディア媒体ごとによる配信までの権利運用の流れを破壊しました。

この破壊は、ひとつの映画作品のライフサイクルを長期間に設定して多様な形態に変えて販売することで、業界全体で収益の最大化を図るというウィンドウ戦略の有効性をそのままネットフリックスが取り込むことを意味します。

つまり、ネットフリックスは、従来さまざまな配信プラットフォームに拡散していた視聴者を、ネットファーストの先行配信により自社のプラットフォームに次々と取り込むことで、業界全体が本来得ることになる収益を自社の収益に転換させて、その最大化を図ることに成功したのです（図表15）。

他方で、政策面では多様性を重視して、作品のバラエティーの充実を図る戦略をとりました。ドラマ、ファミリー、アクション、アドベンチャー、ロマンス、コメディ、ドキュメンタリー、アニメーションなどさまざまなジャンルの映画や番組を制作することで会員の選択肢を増やし、顧客価値を高めるという戦略です（図表16）。

また、この戦略は、アマゾンはもとより、ディズニーやアップルの参入により競争が激化した動画配信サービス市場で、ネットフリックスが勝ち残る有効な手立てにもなり

【図表15】ウィンドウ戦略の破壊による自社利益の最大化

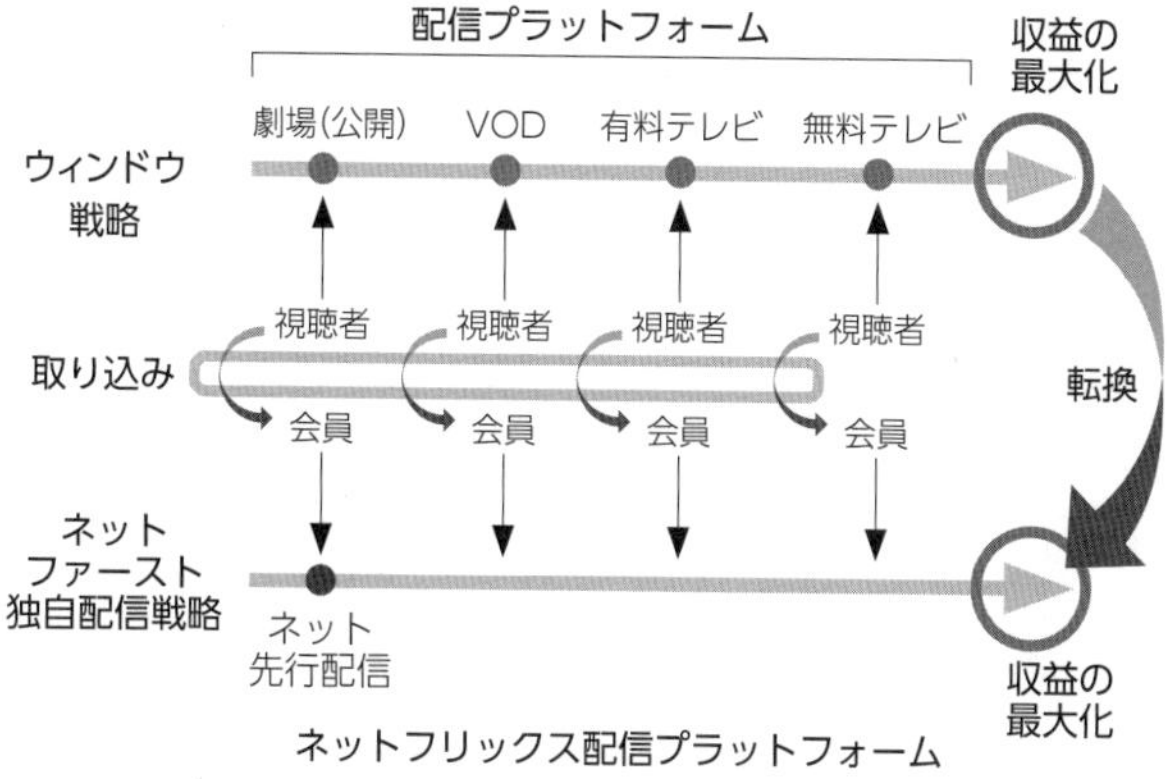

【図表16】ネットフリックスのオリジナル作品制作における
ポジショニング

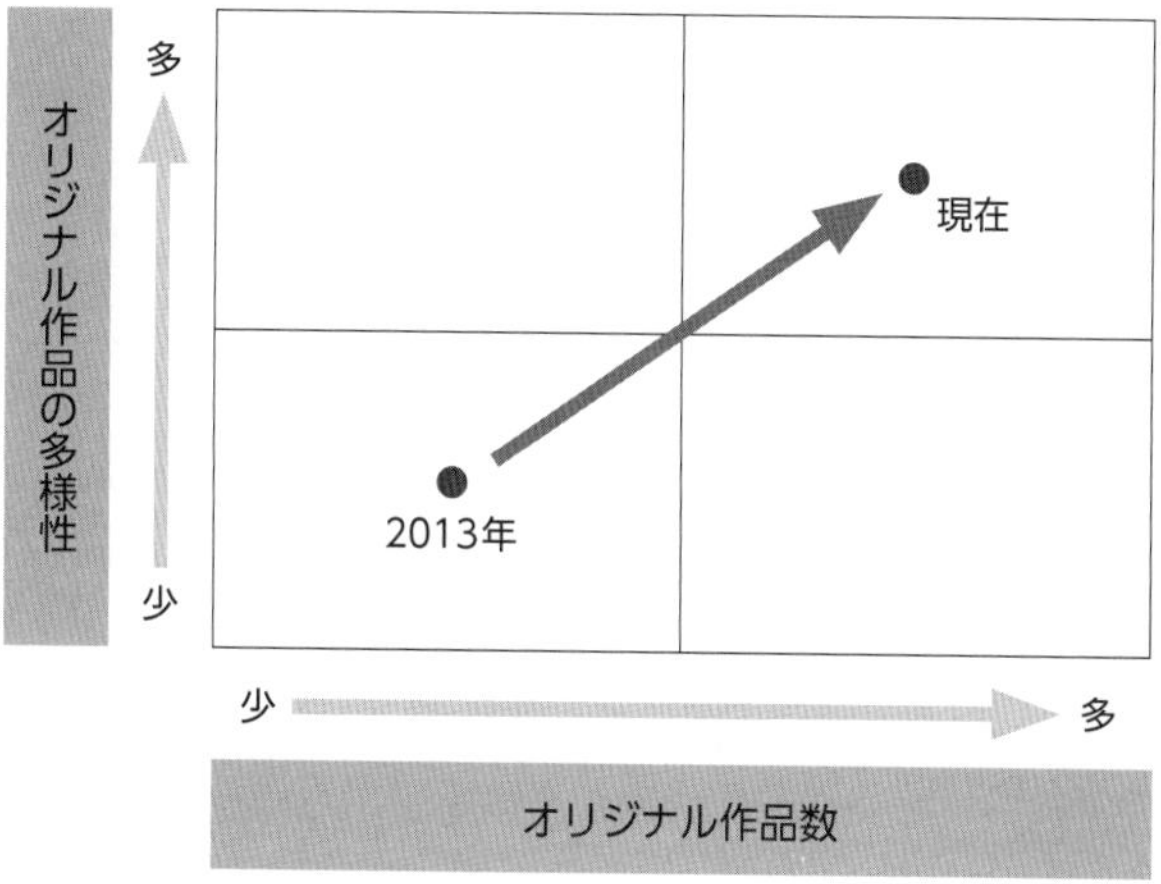

ました。

ネットフリックスのオリジナル作品制作費用は、2022年に200億ドルに達すると言われています。ここ4年間の推移で見てみると、2019年度の139億ドルに対して2020年度は新型コロナウイルスの影響で118億ドルに留まったものの、2021年度には170億ドルと上昇傾向を取り戻しています。

このように、ネットフリックスが制作費を毎年増やしオリジナル作品の制作に注力するのは、会員の視聴体験をできる限り増やすためです。メディアプラットフォームの価値を持続可能なレベルに高めるためには、会員の視聴体験を向上させ習慣づけることが必要不可欠です。

エミー賞やアカデミー賞など権威ある賞を獲得するレベルの、質の高い秀逸な作品を視聴する機会を会員に提供することで、会員の視聴体験は蓄積されることになり、メディアプラットフォームとしての価値は高まることになるのです。

今ではネットフリックスは、経営資源をオリジナルコンテンツに集中させることで、一大ビジネスエコシステムを構築しつつあります。有望なクリエイターを積極的に登用することで作品の質が確保され、監督、俳優、脚本の構成を人工知能により徹底的に解析することで、作品の完成度がより一層高まることになります。そうなれば、会員だけでなく批評家からも支持されるようになり、ビジネスエコシステムとしての価値が総体的に高まることになるのです。

７．マイクロソフト：人工知能で社会課題を解決

マイクロソフトの事業の原点が、現在も圧倒的なシェアを獲得しているＰＣ用ＯＳ（基本ソフト）の「ウィンドウズ（Windows）」に加え、「ワード（Word）」「エクセル（Excel）」「パワーポイント（PowerPoint）」などビジネス向けアプリケーションをまとめたパッケージソフトの「オフィス（Office）」に集約されることは、既知の事実です。

これらの事業は長年、マイクロソフトの収益の柱として成長し続け、ＩＴ業界の盟主の地位を築き上げた原動力とされてきました。しかし、普及が一段落すると成長が鈍化し、収益が頭打ちになっていきます。

既存事業の成功体験があまりにも大きかったことから、社内ではそれが次第に足かせとなり、社員が新たなアイディアを生み出したり、新商品やサービスを開発したりするといった主体性や創造性が失われていくことになります。

その傾向は組織全体にも重くのしかかることになり、2000年代後半以降にモバイル化やクラウド化といった技術革新の波が訪れた際にも、マイクロソフトはその波に乗り遅れ、やがてGAFAの台頭を許すことになりました。

成長が鈍化した事業が息を吹き返したのは、ビジネスモデルの大転換にありました。それは、モバイル化やクラウド化といった当時の技術革新の流れに沿って、「モバイル・ファースト、クラウド・ファースト」の世界観を新たに打ち出すことから始まります。

その陣頭指揮を執ったのが、2014年にマイクロソフト3代目CEOに就任したサティア・ナデラ氏でした。ナデラ氏は、オフィスをこれまでのアラカルト（売切販売）からサブスクへ移行することで最初の変革を成し遂げます。

この変革は、マイクロソフトがそれまで固執してきた自社OSのウィンドウズと一緒にアプリケーションソフトを売るという既存の戦略を180度転換するもので、それは、従来の売り切り型のビジネスモデルを完全に捨て去ることを意味するものでした。

その後、ナデラ氏は、マイクロソフトをさらに躍進させるために、2014年に掲げた「モバイル・ファースト、クラウド・ファースト」に代わり、2017年には、「インテリジェントクラウド、インテリジェントエッジ」という新たな世界観を掲げるに至ります。

この世界観の真意は、クラウドやエッジ（端末）のインテリジェント化を進め、プラットフォームとして構築する点にありました。そこで、現在マイクロソフトが新たなプラットフォームとして開発を進めているのが、「複合現実（ＭＲ：Mixed Reality）」です。マイクロソフトはこのＭＲを、１９７０年代の「メインフレーム」、１９９０年代の「ＰＣ」、２０００年代の「スマホ」に続く第４のプラットフォームと位置付けています。

世の中には、リアルとバーチャルの２つの世界があります。リアルの世界は、我々が存在して感じることができる物理的な世界であるのに対して、バーチャルの世界は、あたかもそこにあるかのようなコンピューターの中にある世界です。

複合現実であるＭＲとは、こうしたリアルの世界とバーチャルの世界とを融合させたテクノロジーで、人間の感覚により実在していると認識できる物体や環境である「物理的現実」と、視覚や聴覚といった人間の感覚機能に働きかけるように人工的に作り出された体験や環境である「仮想現実」の２つの現実を融合させた全く新しい世界を指します。

ＭＲをこの分野で先行する「仮想現実（ＶＲ：Virtual Reality）」や「拡張現実（ＡＲ：Augmented Reality）」で捉えると、ＶＲのような仮想オブジェクトをＡＲとして現実空間に重ね合わせることにより、新しい仮想体験を作り出したものになります。

ＶＲは、ＰＣやスマホのブラウザで楽しむこともできますが、既に実用化されているＶＲゴーグルを装着すれば、自分自身が実際にバーチャルの世界に入り込んだような深い没人感を体験することができます。たとえば、仮想世界に入り込んで、戦士として戦ったり、未知の星を探検したりするといった体験です。

ＡＲは、目の前に見える現実の世界にさまざまな情報を付け加えることにより、状況をより深く理解したり楽しんだりすることができるテクノロジーです。たとえば、目的地に向かって歩いている時に、ＡＲアプリを起動させてスマホを眼前にかざせば、今見ている道や店舗に矢印で目的地の方向や関連情報を示してくれるので、容易に道順や店舗情報などが分かります。スマホアプリ「ポケモンＧＯ」のＡＲモードやカメラアプリ「ＳＮＯＷ」の編集機能もＡＲです。

ＭＲでは、このＡＲをさらに拡張し、実際にはその場所に存在しないものを現実の世界に重ね合わせて表示し、自由自在にコントロールすることが可能となります。

たとえば、モーターショーを想定した場合、ＣＧ上のモーターショーの館内に入るのがＶＲ、実際に館内に入って展示されている自動車を見た時に、その車の詳細な情報がディスプレイに表示されるのがＡＲ、そして、そこにはない次世代自動車が実物大のホログラムとして表示され、それを３６０度好きな角度から見たり、ジェスチャー操作で動かしたりできるのがＭＲになります。つまり、ＶＲのような仮想オブジェクトをＡＲとして現実空間に重ね合わせるのが、他ならぬＭＲの技術なのです。

ＶＲにしてもＡＲにしても最近では、ゲームやエンターテインメントなど我々の生活に身近な存在として入り込んできていますが、５Ｇのような通信システムの超高速大容量化、超低遅延化、多数同時接続化がさらに進むことになれば、ＭＲも今後その応用分野が拡大され、医療や福祉などさまざまな分野での活用が可能となることが期待されています。

ホロレンズによる一大ビジネスエコシステムの形成

マイクロソフトは、こうしたＭＲ体験を具体的に可能にするデバイスとして、「ホロレンズ」を開発し２０１６年にリリースしています。ホロレンズとは、ゴーグル型ヘッドマウントディスプレイで、これを頭に装着して現実世界を見ることで、ＭＲ体験が可能となります。

ＭＲのプラットフォームである「Windows Mixed Reality」は、既にWindows10のＯＳに組み込まれていることから、自己完結型のホログラフィックコンピューターとして機能します。エクセルやワードなどのアプリケーションソフトも利用できることから、現実の空間によって形作られた仮想現実の中で、これらのファイルを開いて使うことも可能です。

そのうえ、ＣＰＵやメモリも搭載されているため、コンピューターとしての処理も可能で、これ自体単体で動作させることができます。しかも、ケーブルでＰＣに接続する必要がないため、よくあるＶＲのヘッドセットとは異なり、ホロレンズを装着したまま自由に歩き回るなど制約のない身体の動作が可能です。

ホロレンズには、カメラと赤外線のセンサーが搭載されており、これらの機器が実際の空間をリアルタイムでスキャンしていくことにより、眼前にある物体が次々と３Ｄデータとして取り込まれていきます。データとして取り込まれるのは、こうした視覚情報だけに限らず、音による聴覚情報も含まれます。

このように、ホロレンズは、リアルタイムで現実空間をスキャンできるので、周囲の環境を正確な3Dデータとして取り込む空間マッピングを作り出すことができます。マッピングされた現実世界は、仮想世界と自由に組み合わせることが可能で、複合して作り出された画像を複数の人間がシェアして同時に見ることができます。

こうした3Dデータを視覚化し操作できるとの特徴から、3Dデータを膨大に保有している分野、すなわち、自動車、建設、航空、製造、医療、教育、不動産などの業界では、共同作業による業務効率の改善や意思決定の迅速化などをもたらす新たなる手法として、ホロレンズが注目されているのです。

自動車業界では、MRが配線図の確認、新型車解説、トレーニングガイドなどに活用されています。たとえば、配線図では、ホロレンズで配線に関わる情報が一括表示され、解りづらかった部品やコネクタの配置を直観的に理解できるようになったため、作業クオリティのばらつきが解消され整備スキルの習得向上が図られています。

建設業界では、MRが建築、土木、メンテナンス、トレーニングなど幅広い分野で適用されています。具体的には、建設現場で設置できる配管設備を3Dモデルで表示したり、現場での工事検査に3Dデータを活用したりすることで、作業負担の軽減や検査員不足の解消が図られています。

航空業界では、パイロット、運航乗務員、整備士のトレーニングツールとして活用されています。整備士訓練では、エンジンそのものやシステム構造、部品名称などが３Ｄデータとして表示され、いつでもどこでもよりリアルに体感し学習することができます。そのため、整備士訓練は従来、飛行機を整備している間や運航していない夜間に限られていましたが、こうした制約が解消されるとともに、新たな技術や知識習得の機会にも役立てることが可能となります。

医療業界では、大学医学部向けのトレーニング教材として活用されています。ホロレンズには、透明なホログラフィックレンズに高精細な光学投影システムが搭載されているため、現実世界とホログラムの融合が可能です。そのため、３Ｄアプリケーションで投影されるコンピューターグラフィックス（CG：Computer Graphics）によって作られた人体模型を操作して、実際の人体がどのような構造になっているのかをリアルに見ることができます。

見ている人が自分の頭を人体模型の中に入れると、内臓を原寸大で確認することができるだけでなく、筋肉だけを取り出し、それを輪切りにしたりするなど、さまざまな操作が可能であることから、実際の手術に活用することが可能となります。

このように、さまざまな業界でホロレンズの実用化が進んでいます。ＭＲの提供は、顧客やパートナー企業によるアプリケーション開発の促進につながることから、将来的には、Windows Mixed Realityを中心とした一大ビジネスエコシステムが形成され、マイクロソフトがこの分野で優位的な地位を築く可能性は高いと言えます。


「ＡＩの民主化」によるビジネスエコシステム

マイクロソフトは、人工知能の研究にも精力的に取り組んでいます。その歴史は古く、リチャード・ラシッド氏による１９９１年の「マイクロソフト・リサーチ（Microsoft Research）」設立が嚆矢となり、以来、約30年にわたり人工知能の研究が進められてきました。

マイクロソフトによる人工知能研究は、「ＡＩが人に取って代わる」「ＡＩが人の仕事を奪う」といった視点ではなく、「人がやっていることをもっと良くする」「もっとうまくできるようにする」「さらに効率性や生産性を高める」といった視座で取り組みが進められています。

こうしたアプローチから、ビジネス面では、セールス、ストアフロント、カスタマーケア、マーケット、ビデオ、ナレッジの6つの領域で、人工知能によるソリューションが研究されています。

すべての領域は、マイクロソフトのAPI(Application Programming Interface)によってカバーされており、言語、音声、知識、画像、検索の5つのカテゴリーで34種類の学習済みAIが、「コグニティブサービス」として提供されています。これらのサービスにより、人工知能の専門知識がなくても、言語、音声、視覚といった人間の認知(cogritive)を模倣した機能を効率的に利用できることになります。

このように、マイクロソフトはひとつの領域に注力するのではなく、さまざまな領域にフォーカスして、人工知能の研究を進めています。実際のビジネスでは、他社やパートナーとのコラボレーションにより、各領域で深いソリューションに到達できることを目指しています。

近年、人工知能の技術が急速に飛躍したのは、クラウドによるところが大きいと言えます。機械学習にしても深層学習にしても、人工知能によるアウトプットのベースとなっているのはデータであることから、データが多ければ多いほどその精度は高まります。

そうしたビッグデータの格納と解析を可能にするのがクラウドになります。

マイクロソフトにはウィンドウズやオフィスがあり、ビッグデータを入手できる手立てがあります。ウィンドウズは既にグローバルレベルで普及を果たし、オフィスも日々数億人以上が利用しています。このような規模でデータを入手できる会社は、世界で見ても数えるほどです。こうしたビッグデータをベースにして、人工知能の研究が進められるとともに、オフィスなどの各種製品やサービスの改善や改良が図られているのです。

マイクロソフト・リサーチの設立により始まった人工知能の研究と開発は、その後、オフィス、アウトルック（Outlook）、Bing（検索エンジン）などさまざまなサービス領域でも独自に行われるようになりました。そこで、こうした組織ごとに分散した経営資源を集約するために、「ＡＩ＆リサーチグループ」が設立されることになります。

現在、８０００人以上の研究者が所属して人工知能の研究に取り組んでいますが、こうした人的資源だけでなく、技術や研究成果をひとつの組織で共有することにより、シナジーを生み出すことがその狙いです。

マイクロソフトは、ＡＩ＆リサーチグループ設立発表の際に、この組織の取り組みを「私たちの生活、そして世界をより良い方向へ変えていくためにインテリジェントテクノロジーの展開とAIの民主化を進める」ことであるとしたうえで、以下の4領域をAI民主化の取り組みとして示しています。

①エージェント：マイクロソフトのデジタルパーソナルアシスタントCortanaなどのエージェントを通じて、人間とコンピューター間の対話を根本的に変革するためにAIを活用します。

②アプリケーション：スマホの写真管理アプリ、Skype、オフィス365といったあらゆるアプリケーションにインテリジェンスを埋め込みます。

③サービス：画像や音声の認識機能や機械分析など、マイクロソフトのアプリに埋め込まれたものと同様のインテリジェンス機能を世界で開発されたあらゆるアプリケーションで利用可能にします。

④インフラストラクチャ：アジュールにより世界で最も強力なAIスーパーコンピューターを構築し、人々や組織がその能力を活用できるようにします。

このように、マイクロソフトが掲げるAI民主化は、AI&リサーチグループで得られた成果物をマイクロソフトの製品やサービスに組み込むだけでなく、AIの提供により顧客やパートナーがさらに付加価値のあるソリューションを作り上げられるようにすることを目指すものです。

こうしたパートナーの事業を重視する姿勢は、マイクロソフトの人工知能研究が全方位的にあらゆる産業や業界で役立ち、そのためのエコシステムを確立することの重要性を強調するものでもあります。それゆえ、マイクロソフトが提供する34種類のコグニティブサービスは、一定量までは無料で利用できるよう従量課金制を採っているのです。

全ての領域で高いレベルにある人工知能開発

マイクロソフトはこれまで34種類のコグニティブサービスの開発に注力してきましたが、どのカテゴリーでも高い技術力を誇っています。たとえば、認識系サービスでは、画像認識でグーグルと、顔認証でフェイスブックと、音声認識でＩＢＭとそれぞれ高いレベルでしのぎを削りトップ争いを演じています。

顔認証では、マイクロソフトの「Face API」がウーバーで使われています。ウーバーでは、世界に３００万人以上存在すると言われるドライバーがライドシェアの勤務に入る前に、スマホ経由で顔を確認して本人か否かの判断をしています。その判断に、マイクロソフトの顔認証技術であるFace APIが使われているのです。

マイクロソフトの画像認識の精度は誤認識が3・5%で、人間による誤認識の5%よりも高い水準に達しています。暗い場所やマスクなどまだまだ制約条件はあるものの、既に人間よりも高い精度を達成するレベルにまで到達しているのです。

Face APIでは、ウーバーの活用事例でも分かる通り、顔を検出して認識することが可能ですが、この他にも、2つの顔を分析して同一人物であるかを確認する「顔検証」、ターゲットによく似た顔を検索する「類似した顔の検索」、類似性から複数の顔画像をグループに分類する「グループ化」などの機能があります。

こうした機能を活用して、Face APIは実際のビジネスへの導入が試され始めています。たとえば、ソフトバンクは、人型ロボット「Pepper」とネスカフェ「バリスタ」をアジュールに連携させて、「ロボカフェ」というサービスを提供しています。具体的には、Pepperがお客様の顔を覚えて、お客様と注文したコーヒーとを紐づけ、お客様が実際に店に訪れた際に、Pepperがお客様の顔を認識することでコーヒーを出すという仕組みです。

富士フイルムでは、ファイル管理サービスである「IMAGE WORKS」にFace APIを導入して、プロ野球選手の顔を自動識別しています。試合写真からプロ野球選手を自動で判別し、システムが自動でタグ付けを行います。実際に、日本野球機構が運営するサービス、ＮＰＢＣＩＣ（Contents and Images Center）に導入され、写真のタグ付け作業時間が大幅に削減されています。

博報堂は、Face APIを広告に組み込んで、顔の特徴や感情に合わせて商品やサービスの広告を出し分ける「フェイスターゲティング・アド（Face Targeting AD）」を開発しています。フェイスターゲティング・アドは、街中や駅の構内などに設置された鏡型のデジタルサイネージ（アウトドアメディア）の前に人が立つと、Face APIが年齢や性別はもとより顔の特徴や表情を自動的に読み取り、その時の気分や健康状態を分析して、その状態に最適な商品やサービスの広告を提示します。

たとえば、疲れている人には、栄養ドリンクやスタミナがつく料理の画像を表示したり、悲しい表情の人には、思い切り泣ける感動的な映画の動画広告を表示したりして、その人の現在の状態にマッチした商品やサービスの広告をインタラクティブに出し分けます。

こうした静止画や動画による広告表示に加え、眼鏡をかけたり髭を生やしたりするような顔をバーチャルに変化させる演出もできることから、いわゆる「体感型スクリーン」として広告価値を高めることが可能です。

このように、Face APIがさまざまなビジネスモデルに組み込まれ活用されることにより、供給サイドでは、より効率性や生産性を高めることが可能となる一方で、需要サイドでは、利便性や機能性のさらなる向上とともに、顧客が安心してサービスを利用することが可能となります。

こうした人工知能技術の開発は、マイクロソフトが掲げる、「地球上のすべての個人とすべての組織が、より多くのことを達成できるようにする」というミッションを着実に実現するものであり、顧客やパートナーとの関係性を持続可能で揺るぎないものにする手立てとなっているのです。

8．ＤＸの進化と価値

これまで見てきた事例から分かるように、変革が、デジタイゼーション、デジタライゼーション、ＤＸへと進化する過程において、企業では、それぞれ異なる施策と戦略が存在し、それに沿って最終的な目的が達成されることになります（図表17）。

その変革を個別に検証してみると、デジタイゼーションは、ツールのデジタル化とし

【図表17】DX への進化と分類

分類	デジタイゼーション	デジタライゼーション	DX
種類	ツールのデジタル化	プロセスのデジタル化	ビジネスのデジタル化
施策戦略	アナログからデジタルへの置き換え	デジタルバリューチェーンの構築	エクスペリエンス戦略
			データドリブン戦略
	ツール・ソリューションの導入	IoTソリューションの構築	ヒューマンスキル戦略
	IT 基盤・システムの導入	データオプスの構築	アジャイル戦略
目的	・業務改善 ・効率化 ・コスト削減	・部分最適 ・付加価値向上 ・競争力強化	・全体最適 ・新価値創造 ・持続的競争優位
原動力	ビッグデータ		
	プラットフォーム		
	ケイパビリティ		

て位置づけられ、単純なアナログからデジタルへの置き換えに始まり、ツール・ソリューションやＩＴ基盤・システムの導入などの施策により、業務改善や効率化、コスト削減などが達成されることになります。

　デジタライゼーションは、プロセスのデジタル化として位置づけられ、デジタルバリューチェーンの構築に加えＩｏＴソリューションやデータオプスなどの施策により部分最適化が図られ、付加価値の向上により競争力が強化されることになります。

ここで言うデータオプスとは、企業や組織内のデータ活用をスムーズにするための取り組みで、具体的には、データ分析を行う業務部門とデータを収集・管理する管理部門とが協力して分析ツールやプロセスを決め、作業フローを自動化し効率化していく協調的な取り組みを指します。こうした協調的な取り組みを組織的に迅速かつ恒常的に行っていくことができれば、データ活用の生産性向上につなげることができるというのがデータオプスの真意になります。

DXは、ビジネスのデジタル化として位置づけられ、企業には、エクスペリエンス戦略、データドリブン戦略、ヒューマンスキル戦略、アジャイル戦略の4つのアプローチが求められることになり、これらの戦略的アプローチを採ることで、全体最適化による新たな価値の創造が図られることになります。

ここで言う新たな価値の創造とは、意思決定の質を向上させることで価値を生み出すことを意味します。人工知能は、意思決定につながる場合にのみ価値が生まれます。なぜなら、人工知能による予測は、人の意思決定を向上させるような情報を提供してくれるからです。特に、不確実な要素で何が起こるかを予測することができれば、人の意思決定を導き出したり改善したりすることが可能になります。

エクスペリエンス戦略では、ウォルマートが、小売業界では難しいとされる製造、卸し、販売の3つを垂直統合して、インテリジェント・リテールを確立することで、小売業を根本的に変革するに至りました。アリババもまた、小売と卸売でオンライン・マーケットプレイスを構築する一方で、ネット金融システムの構築やマネーファンド決済サービスを新たに展開してカスタマーエクスペリエンスによる価値を高めることに成功しています。

データドリブン戦略では、テスラやウーバーがデータドリブン型の経営で、10年後のあるべき姿を実現しようとしています。電気自動車の開発に特化して創業したテスラは、自動運転の開発に注力して近未来の乗り物の在り方を模索していますし、配車アプリでタクシー業界を一変させたウーバーはさまざまなデータを日々収集して、自動化による未来のデリバリーの在り方を探求しています。

ヒューマンスキル戦略では、大企業を中心にリスキリングに向けた取り組みが進んでいます。AT&Tは、自社のコア事業がハードウェアからソフトウェアに転換するのに伴い、次世代の職務体系に見合った人材を育成するために、リスキリングに関わるさまざまな育成プログラムを組織的に展開して従業員のスキルシフトを成功させるに至っています。

アジャイル戦略では、GAFAMがクロスファンクショナルチームを編成して、新規サービスの開発を迅速に推進できる組織体制を全社的に確立するに至っています。特に、グーグルは、企画段階である程度サービスコンセプトが固まれば、直ぐにプロトタイプの作成に着手して、デジタルツインによるシミュレーションを繰り返し現実世界にフィードバックすることで完成品に近づけていくという開発プロセスが組織文化として定着しています。

DXによる全体最適化を図るためには、デジタライゼーションは勿論、高度なデータ活用が全社的に浸透していなければ、実践するのは不可能です。たとえば、ウーバーは、ライドシェアやウーバーイーツなどさまざまな事業を展開していますが、これらの事業を実行するために、ミケランジェロという独自の機械学習プラットフォームを構築して全社展開しています。アリババもまた、AIプラットフォームであるメディカルブレインを基盤にして、医療・ヘルスケア産業全体のデジタルシフトによる価値の創出を図っています。

つまり、一気にDXが可能になるわけではなく、プラットフォームやIoTソリューション、データオプスという基盤ができてから、変革へのプロセスへと進むことができるのです。

9. DXを成功に導くためには

DXによる全体最適化を図るうえで、エクスペリエンス、データドリブン、ヒューマンスキル、アジャイルという4つの戦略的アプローチが重要であることを多くの事例から導き出しましたが、その戦略を完遂するうえで留意しなければならない点は、以下の4つに集約されます。

第一義的に挙げられるのは、あるべき姿を明確にして常に羅針盤とすることです。DXは、単に新しいテクノロジーを導入することではありません。企業が追求するあるべき姿に基づいて、どのような変革を行うべきかを明確にして、常時照らし合わせながら完遂を目指すことが重要です。あるべき姿が定められないと、テクノロジーの導入が適正に事業活動に結びつかず、全体最適化による効果的な結果をもたらすことができないことになります。

2つ目は、障壁となる企業文化を変革することです。企業文化は組織における共有価値や信念、振る舞いや行動パターンなど従業員が共有するルールや慣習の総体であることから、従業員が行動するための指針となったり行動を規制したりするため、組織の運営に必要不可欠な要素として機能します。

従業員は長年にわたって構築してきた企業文化に根ざした行動を取るため、新たにDXに取り組む際に、そうした既存の企業文化が障壁となる場合があります。DXを推進するためには、既存の事業の進め方やビジネスモデルに囚われない柔軟な思考やリスクを取る姿勢が求められます。新たなアイディアを試行するための環境を組織的に整備し、必要に応じて企業文化を変えていくことが重要となります。

3つ目は、セキュリティを確保してリスクを無くすことです。DXにより企業はより多くのデータや情報をオンラインで処理するようになるため、セキュリティ確保の重要性が以前にも増して求められることになります。データや情報は、外部からの攻撃や内部からの不正アクセスに脆弱であり、これらの攻撃により企業に多大な損失が発生する可能性があります。

セキュリティリスクを最小限に抑えるために、アクセス制限、暗号化、ファイヤーウォール、マルウェア対策などの適切な対応策を講じるとともに、情報セキュリティポリシーの策定や情報セキュリティマネジメントシステムの構築、セキュリティ研修プログラムやセキュリティ監査の実施など、管理面での対策を組織的に進めることが必要であり、場合によっては、サードパーティーによるセキュリティ監査やペネトレーションテスト（サイバー攻撃耐性テスト）などの実施も求められることになります。

４つ目は、パートナーシップの構築によりスピーディなＤＸの推進と付加価値を高めることです。ＤＸを遂行するうえで、パートナーシップの構築は非常に重要な役割を果たします。なぜなら、ＤＸの推進には、社会や環境の変化に対応するための早さが求められるとともに、ＤＸが単にＩＴ部門のプロジェクトに留まらず、企業全体で取り組むことで価値を高めることが可能となるからです。

スピーディなＤＸの推進には、必然的に、スピーディな実装やトライ&エラーが実行できる体制の構築が求められることになります。そうした構築が自社単独で行うことができれば問題はありませんが、多くの場合、ＤＸが未踏の道のりであることから、自社だけでは実行が不可能なプロセスや課題が生じることになります。そうした自社単独では不可能な部分に、ソリューションパートナー企業のノウハウとテクノロジーをピースとして埋め込むことができれば、スピーディなＤＸ推進が可能となります。

また、ＤＸの遂行には高い投資やリスクを伴うことから、パートナーシップを構築することで投資やリスクを共有し軽減することができ、企業が単独では負担できないような大きな投資を行うことも可能となります。さらに、共同で新たなビジネスチャンスを創出したり、協業による市場の開拓に加え新たな製品やサービスの開発にもつなげたりすることが可能となります。

以上の点に留意しながらＤＸを進めることが肝要です。ビジネスのデジタル化により全体最適化を図ることができれば、自社をあるべき姿に近づけることで優位なポジショニングの構築につなげることが可能となるのです。

10．10年後の未来社会とは

人類が２０３０年代を迎えるに当たり、社会はどのように変わっているのでしょうか。現実の物理世界で目に見える大きな変化として真っ先にイメージできるのは、公道を安全運転で走行する無人の自動運転車や人間の代わりに仕事を正確かつ迅速にこなす二足歩行ないしは四足歩行のロボットの姿でしょう。

これは決して絵空事ではなく、２０００年代以降の技術の進歩を考えれば、むしろ必然的な近未来社会の実像かもしれません。社会生活だけでなく企業活動の中にも「自動化」の波は押し寄せ、大きな変革をもたらすことになります。

自動化は、データドリブンに裏付けされていることからオンデマンドを可能にし、安全性や正確性だけでなく効率性や生産性の面でも高い効果や便益が発揮されます。たとえば、自動運転車では、人工知能が過去のデータを解析して最短ルートを導き出し、「呼べば来てくれる」や「目的地まで最短時間で運んでくれる」を実現してくれるのです。

これは、従来人間が勘や経験則を頼りに導き出していた行為や行動を置き換えるものであることからリスク回避につながります。また、本来、運転や業務に充てられていた時間が無くなることから、そうした時間を有効活用することも可能となります。

旧来の方法が必要とされなくなり、新しい方法が生まれるということと、それらが本質的に提供している価値が増大し、効率性や生産性が向上していくということは矛盾することではないのです。

自動運転が実用化され普及が進めば、安全性は格段に高くなります。既にそれは、アルファベット傘下の自動運転開発企業ウェイモがグーグルカーによる公道での実証実験で証明しており、死亡事故を限りなくゼロに近づけることが可能となります。高齢者による運転の必要が無くなることも、安全性の面では看過できない一因です。

既に飛行機は離着陸以外の工程で自動操縦化の実現を果たしています。運転に関わる全ての動作から人間が解放されることになれば、より快適な時間を確保することが可能となり、遠距離や渋滞においてその効用はさらに高くなります。

テスラの事例でも紹介しましたが、現在、自動運転の研究開発は、デジタルツインの考え方をベースに進められています。自動運転車に取り付けられたカメラやセンサー、ライダーなどを通して走行中のデータを収集し、人工知能で解析することにより仮想空間上で試作車を走らせ、学習により得られた結果を現実世界の自動運転にフィードバックしています。

たとえば、ウェイモは、車載カメラで撮影した写真280万枚を「Block-NeRF (Neural Radiance Fields)」と呼ばれる人工知能でつなぎ合わせ、サンフランシスコ市街地の3Dモデルを生成して、アルゴリズムによるシミュレーションを行っています。

仮想空間上に生成されたモデルは、視点を変えて360度の方向から見ることができ、投影されたオブジェクトを自由に編集することも可能です。ウェイモは、自動運転車の運行を検証するため、このモデルを使って仮想空間上でのシミュレーションと現実世界へのフィードバックを繰り返しながら、自動運転車を安全に走行させる検証を行っているのです。実際、デジタルツインによるシミュレーションの走行距離は既に２４０億㎞を超えており、現実世界における実際の実験車両による走行距離３２００万㎞を凌駕しています。

このように、現在は、ＤＸのひとつの形態としてデジタルツインが活用され、現実世界と仮想空間との間でシミュレーションとフィードバックを繰り返しながら全体最適化が図られていますが、将来的には、両者の間に垣根が無くなり、新たな価値が創造されることにより、持続可能な経営や社会の実現が可能になることも想定されます。

企業や組織によるデジタル変革への取り組みは、決して企業や組織内に留まるわけではありません。その一つひとつの取り組みが積み重なることで、産業や社会構造の変革につながることになります。

たとえば、ロボットトラクター、モニタリングによる水管理システム、ドローンによる農薬散布などの実現により、既にスマート農業のひとつの形が作られつつあります。

また、自動運転車、人工知能を活用した交通システム、自動化によるスマートホームが実現されることになれば、その先には、スマートシティの姿や形が見えてくることになります。

人類の未来を考えるとき、それは安心・安全で快適な生活を基盤にしたものでなくてはなりません。そのための嚆矢となるのがＤＸという取り組みに他ならないのです。スマートワールドが実現した後世で、ＤＸの時代がそのターニングポイントとなったと振り返るときがやってくることになるかもしれません。

おわりに

企業が成長していくためには、何が必要なのでしょうか。一口に成長といっても、先を見通す指針や方向性、目標などがなければ、行動はともかく計画すら立てることは困難です。それゆえ、成長の先に何があるのかを見据えなくてはなりません。それが「あるべき姿」です。

このあるべき姿を見据えて成長を遂げるには、まず、現在の自社の経営状況を精確に把握し検証する必要があります。検証が十分に実行されれば、現状とあるべき姿の間にあるギャップが見えてきます。過去に成長を遂げたいかなる企業も、このギャップを埋めるにはどうしたらよいかを考え実行していくことで、成長を果たしてきました。

現状とあるべき姿の間にあるギャップを埋めるためには、「変革のシナリオ」が必要となります。この変革のシナリオは、時には、企業全体の戦略である全社戦略に位置付けられ、場合によっては、事業ごとの戦略である事業戦略もしくは機能戦略にもなり得ます。

変革のシナリオを構築することは、言い換えれば、「自社のビジネスをどう組み立て再構築するか」を考えることでもあります。日本企業は1990年代以降、さまざまな変革のシナリオを模索し今日に至っています。

振り返れば、1990年代のバブル崩壊後、日本経済は失速し失われた10年を迎えました。プラザ合意が成立した1980年代半ばにおける日本経済の好調なパフォーマンスを受けて、世界ではそれまで日本の企業システムを肯定的に評価する見方が支配的でしたが、これが一転して、日本の企業システムに対する批判が趨勢を占めるようになりました。

皮肉にも日本経済が失速した萌芽は、その好調な時期に見られました。それは、1980年代後半以降急速に進展した資本市場の拡大と金融のグローバル化です。こうした社会や経済環境の変化から、企業には資本市場から資金を調達することが求められるようになり、多くの企業が必然的に株主重視の姿勢を取らざるを得なくなったのです。

この一連の流れは、当然ながら、日本経済が活力を失った、「失われた10年」の直接的な原因であるとは言えません。問題は、日本の大企業の多くが、株主重視を短期利益の追求として捉え、それまで日本的経営の最大のメリットであった長期的視野を持つことがなおざりになってしまったことです。

企業が長期的な視野を持たず短期利益だけを追求することになれば、必然的に投資を控えることになります。長期的視座から必要な投資を的確に行うことができなければ、企業は成長することができないばかりか、経営が立ち行かなくなる可能性も否定できません。

バブル経済崩壊後の1990年代、日本企業はビジネスの再生をあるべき姿として、米国型企業経営、すなわち、総資産利益率（ROA：Return On Assets）や自己資本利益率（ROE：Return On Equity）を重視する経営への移行を積極的に進めました。多くの企業が投資を抑制し、資産や株主資本を削減して、ROAやROEを高めようとしたのです。

バブル経済崩壊後の日本の状況を考えれば、この膨張した資産を縮小するという方向性は、間違ったものではありませんでした。実際に、資産縮小により企業体質の強化が図られた企業が少なからず存在しました。しかし、多くの企業はこの資産縮小に留まり、投資を行うことを控えるようになりました。

この時、日本企業が、資産縮小を図ったうえで、競争力の強化につながるような投資を行うことができていれば、ビジネスの再生を果たすことができていたかもしれません。なぜなら、ほぼ同時期の米国企業がそれを成し遂げたからです。

米国企業は積極的に投資を行い、資産や資本を増やしつつもそれを上回る利益を増大させて、ＲＯＡやＲＯＥを向上させたのです。日本企業がバブル崩壊の後遺症で投資抑制という萎縮した経営を行ったのに対して、米国企業は投資拡大による積極的な経営を推進したことにより、ニューエコノミーを謳歌することになりました。

この事象からも分かるように、企業が長期的視野に立ち、あるべき姿を見据えて変革のシナリオを立ててそれを完遂することは、企業が成長を成し遂げるうえで極めて重要な企業行動であると言えます。変革のシナリオは、その時代の社会や経済、事業環境の変化を十分に見極めたうえで、戦略性の高いものでなければなりません。

現在、ＤＸによるビジネスモデルの変革や企業の変革が叫ばれていますが、状況は同じで重要な岐路にあると言えます。企業や組織は、２０３０年以降を見据えて自社のあるべき姿を思い描き、現状とのギャップを考察したうえでデジタル変革のシナリオを立て、人材や資金などの経営資源をしっかりと担保して完遂しなければ、日本企業が今後浮上することはさらに難しくなります。

こうした考え方は、企業や組織だけに限らず、人にも同じように当てはまると言えます。あるべき姿に向けて変革のシナリオを完遂することの繰り返しこそが、人を成長させ大きくさせるのです。

このような視座から、「本書を生かして活躍してほしい」というのが、著者として最終的に辿り着く読者のみなさんへの思いです。本書を読むことで見えてくる景色は人により異なると思いますが、読者のみなさん一人ひとりがそれぞれに行う解釈と意味付けを起点として、本書での学びを生かしながらそれぞれの人生を切り拓いていってほしいと思います。本書がみなさんの人生を切り拓く一助になれば幸甚です。

最後に、本書の出版にあたり、新潮社新潮新書編集部の多くの方々にご協力をいただきました。特に、編集長の阿部正孝氏には、本書の企画、編集、校正のそれぞれの段階で多大なご尽力をいただきました。ここに心から感謝の意を記します。また、本書の執筆にあたり、環境を整え支えてくれた妻といつも温かい言葉をかけて励ましてくれた子供たちに厚く感謝します。

2023年5月　　雨宮寛二

【参考文献】

はじめに

1．日経ＢＰコンサルティング「『世界の長寿企業ランキング』を発表　創業１００年、２００年の企業数で日本が1位」２０２０年4月6日
https://consult.nikkeibp.co.jp/info/news/2020/0406df/

第1章

1．日本経済新聞オンライン「ユニクロ、新宿や渋谷店にセルフレジ　10数店舗で試験導入」２０１７年11月16日
https://www.nikkei.com/article/DGXMZO23566870W7A111C1TJ2000/?unlock=1

2．TOPCON「世界初のＦＤＡ認証『ＡＩ自動診断システム』で戦略的提携！」２０１８年10月23日
https://www.topcon.co.jp/news/3436/

3．ITmedia「くら寿司が『ＡＩカメラ』を全店舗に導入　相次ぐ迷惑行為対策に　不審な動きを検知、責任者へ即時連絡」２０２３年3月2日
https://www.itmedia.co.jp/news/articles/2303/02/news109.html

4．Harvard Business Review　マイク・ウォルシュ「デジタルトランスフォーメーションの不確実性をどう乗り越えるか　創発的なアプローチを実践するための3つの原則」２０２１年12月23日
https://dhbr.diamond.jp/articles/-/8239?page=3

5．Classmethod「スターバックスのＡＷＳ×マーケティング活用からモバイルオーダーアプリまで包

括的に技術支援」２０２１年３月16日
https://classmethod.jp/cases/starbucks/
6．IT Leaders　IT Leaders 編集部「アクセンチュア、ＡＩで経営判断を支援するサービス『AI Powered Management Cockpit』を開始」２０２２年２月８日
https://it.impress.co.jp/articles/-/22684
7．MarketsandMarkets, “Digital Twin Market by Enterprise, Application (Predictive Maintenance, Business Optimization), Industry (Aerospace, Automotive & Transportation, Healthcare, Infrastructure, Energy & Utilities) and Geography-Global Forecast to 2027.”（「デジタルツインの世界市場：２０２７年に至る用途別、産業別予測」）２０２２年７月（取り扱い：リサーチステーション合同会社）
8．アステラスホームページ「アステラスのＤＸ戦略シリーズ Vol.2：人×ＡＩ×ロボットの協働で創薬を加速」２０２２年７月７日
https://www.astellas.com/jp/stories/strategy/dx_strategy_series_vol.2
9．日本経済新聞「製造業、ＡＩで研究革新　医薬や素材の開発力直結　アステラスは実験期間短縮　旭化成、脱炭素の材料探る」２０２３年３月４日朝刊１面
10．旭化成ホームページ「マテリアルズ・インフォマティクス（ＭＩ）」
https://www.asahi-kasei.com/jp/company/dx/case/
11．日経 XTECH ACTIVE「旭化成がマテリアルズ・インフォマティクス導入、ＡＩ活用で材料を高速開発」２０２２年１月19日
https://active.nikkeibp.co.jp/atcl/act/19/00129/121400047/

第2章

1. レスポンス「自動運転トラックの走行テスト、米グーグル・ウェイモが実施へ」２０２２年２月20日
https://response.jp/article/2022/02/18/354388.html

2. 日本経済社「企業のＤＸ推進動向調査２０２２年度版」２０２２年９月９日
https://www.nks.co.jp/thinkx/research_report/dx/

3. FORTUNE, Aaron Pressman, "Can AT&T retrain 100,000 people?," Fortune, March 13, 2017.
https://fortune.com/longform/att-hr-retrain-employees-jobs-best-companies/

4. William R. Kerr, Joseph B. Fuller and Carl Kreitzberg, "AT&T, Retraining, and the Workforce of Tomorrow," Harvard Business School Case 820-017, July 2019 (Revised May 2020).
https://www.hbs.edu/faculty/Pages/item.aspx?num=56374

5. 独立行政法人情報処理推進機構『ＤＸ白書２０２３』第４部「デジタル時代の人材」第１章「日米調査にみるＤＸを推進する人材」（Ｐ１７１）
https://www.ipa.go.jp/publish/wp-dx/gmcbt8000000botk-att/000108041.pdf

6. クラウドWatch「ソニーとＫＤＤＩ、５Ｇ ＳＡ構成で複数のネットワークスライスを同時利用する技術検証に成功」２０２２年12月16日
https://cloud.watch.impress.co.jp/docs/news/1464292.html

7. 東芝ホームページ Toshiba Clip 編集部「生活を変え、ビジネスを変え、社会を変える東芝のＡＩ」

２０２０年３月11日
https://www.toshiba-clip.com/detail/p=1269
8．世界知的所有権機関（ＷＩＰＯ）「ＷＩＰＯテクノロジートレンド２０１９」
https://www.wipo.int/edocs/pubdocs/ja/wipo_pub_1055_exec_summary.pdf
9．東芝ホームページ「エッジデバイス上で高速に動作する音声キーワード検出機能付き話者認識ＡＩを世界で初めて開発―処理能力に制約がある家電などのエッジデバイスでも、ユーザーの声を聞き分け、ユーザーに合わせた機器の操作が可能に―」２０２０年２月20日
https://www.global.toshiba/jp/technology/corporate/rdc/rd/topics/20/2002-01.html
10．ＪＶＣケンウッドホームページ「ビズライト・テクノロジー社と共同開発したエッジＡＩカメラを活用し詐欺防止ソリューションとして北洋銀行へ正式導入」２０２１年５月31日
https://www.jvckenwood.com/jp/press/2021/05/press-210531-01.html
11．NVIDIA, AMANDA SAUNDERS,“Top 5 Edge AI Trends to Watch in 2023”, December 19, 2022.
https://blogs.nvidia.com/blog/2022/12/19/edge-ai-trends-2023/
12．Gartner, “Emerging Technologies: AI Roadmap for Smart Robots-Journey to a Super Intelligent Humanoid Robot,” G00761328, June 2022.
13．IBM, “IBM Global AI Adoption Index 2022.”
https://www.ibm.com/downloads/cas/GVAGA3JP

第３章

1. CarWatch「テスラ、『モデル 3』を価格改定 ロングレンジは１５６万２０００円値下げで４９９万円に」編集部：塩谷公邦　２０２１年2月18日
https://car.watch.impress.co.jp/docs/news/1307097.html
2. TESLA ホームページ「デスティネーションチャージング」２０２２年5月7日確認
https://www.tesla.com/ja_jp/destination-charging
3. TESLA ホームページ「ＡＩとロボティクス」２０２２年5月7日確認
https://www.tesla.com/jp/AI
4. 中野幸紀「タクシーサービス産業のメゾ経済分析」関西学院大学「総合政策研究」No.54 ２０１７年9月
5. マイク・アイザック著、秋山勝訳『ウーバー戦記：いかにして台頭し席巻し社会から憎まれたか』草思社　２０２１年
6. RIS(Retail Info System), "Walmart.com Begins Site-to-Store Service," March 31, 2007.
https://risnews.com/walmartcom-begins-site-store-service
7. VentureBeat, "How Walmart adapted its IoT strategy to the pandemic," April 22, 2021.
https://venturebeat.com/2021/04/22/how-walmart-adapted-its-iot-strategy-to-the-pandemic/
8. MoguraVR「米小売大手のウォルマートが３５００店舗にＡＲ導入、倉庫のピッキング作業を効率化」２０２１年6月7日
https://www.moguravr.com/walmart-ar/
9. DIAMOND Chain Store Online「米ウォルマート、床磨きや荷下ろしに大量のロボット導入、店舗

作業を軽減化」２０１９年４月15日
https://diamond-rm.net/technology/30700/
10. Walmart, David Guggina, "A New Era of Fulfillment: Introducing Walmart's Next Generation Fulfillment Centers," June 03, 2022.
https://corporate.walmart.com/newsroom/2022/06/03/a-new-era-of-fulfillment-introducing-walmarts-next-generation-fulfillment-centers
11. Alibaba JAPAN ホームページ「アリババグループ、２０２１年１－３月期及び２０２１会計年度の決算を発表」２０２１年５月14日
https://www.alibaba.co.jp/news/2021/05/-20211-32021.html
12. 天猫ホームページ
https://www.tmall.com/
13. 雨宮寛二「中国におけるイノベーションの考察と今後の方向性」川島真・21世紀政策研究所編著『現代中国を読み解く三要素：経済・テクノロジー・国際関係』勁草書房　２０２０年
14. 由曦著、永井麻生子訳『アント・フィナンシャルの成功法則：〝アリペイ〟を生み出した巨大ユニコーン企業』中信出版日本発行、ＣＣＣメディアハウス発売　２０１９年
15. M. E. Porter and E. O. Teisberg, *Redefining Health Care: Creating Value-Based Competition on Results*, Harvard Business Review Press, 2006.
16. 経済産業省　平成28年度 医療技術・サービス拠点化促進事業「新興国等におけるヘルスケア市場環境の詳細調査報告書 中国編」２０１７年３月

https://www.meti.go.jp/policy/mono_info_service/healthcare/iryou/downloadfiles/pdf/28fy_detailreport_China.pdf
17．医療法人 慶友会　つくば難聴めまいセンター「中国の医療事情その２〜入院時の質問にびっくり〜」２０２０年1月6日
https://keiyu.or.jp/ent/2020/01/06/848/
18．ジーナ・キーティング著、牧野洋訳『NETFLIX コンテンツ帝国の野望：ＧＡＦＡを超える最強IT企業』新潮社　２０１９年
19．Netflix,Annual Report.
https://ir.netflix.net/financials/annual-reports-and-proxies/default.aspx
20．Gigazine「10年ぶりに有料会員数を減らしたNetflix はより少数のオリジナル作品に投資していく戦略にシフトか」２０２２年4月26日
https://gigazine.net/news/20220426-netflix-invest-fewer-better-originals/#:~:text=Netflix%E3%81%AF2022%E5%B9%B4%E3%81%AE,%E3%82%B9%E3%83%88%E3%83%AA%E3%83%BC%E3%83%88%E3%83%BB%E3%82%B8%E3%83%A3%E3%83%BC%E3%83%8A%E3%83%AB%E3%81%AB%E5%9B%9E%E7%AD%94%E3%81%97
21．映画.com「Netflix、２０２１年度のコンテンツ製作予算は１７０億ドル」２０２１年４月22日
https://eiga.com/news/20210422/14/
22．Microsoft, "Microsoft expands artificial intelligence (AI) efforts with creation of new Microsoft AI and Research Group," September 29, 2016.

https://news.microsoft.com/2016/09/29/microsoft-expands-artificial-intelligence-ai-efforts-with-creation-of-new-microsoft-ai-and-research-group/
23. Microsoft, "Uber boosts platform security with the Face API, part of Microsoft Cognitive Services," June 18, 2019.
https://customers.microsoft.com/ja-jp/story/731196-uber
24. ASCII.jp × TECH「トップ営業の『話術』やカリスマ店員の『接客パターン』をＡＩに実装」２０１７年７月10日
https://ascii.jp/elem/000/001/512/1512532/
25. SoftBank ホームページ「ロボカフェ」
https://www.softbankrobotics.com/jp/product/biz2/roboapp/robocafe/
26. 富士フイルムホームページ「富士フイルムのコンテンツ活用塾 for business　導入事例　一般社団法人日本野球機構様」
https://sp-jp.fujifilm.com/contents_school/case/case1.html
27. 博報堂ホームページ「博報堂、博報堂アイ・スタジオ、日本マイクロソフト、ＡＩを活用したターゲティング広告配信システムのプロトタイプ開発で連携　―顔の特徴や感情に合わせて商品やサービスの広告を出しわけるアウトドアメディア『Face Targeting AD（フェイスターゲティング・アド）』」２０１７年３月９日
https://www.hakuhodo.co.jp/news/newsrelease/37109/

雨宮寛二　淑徳大学経営学部教授。日本電信電話株式会社に入社後、中曽根康弘世界平和研究所などを経て現職。著書に『2020年代の最重要マーケティングトピックを1冊にまとめてみた』などがある。

Ⓢ新潮新書

1003

世界《せかい》のDXはどこまで進《すす》んでいるか

著　者　雨宮寛二《あめみやかんじ》

2023年7月20日　発行

発行者　佐藤隆信

発行所　株式会社新潮社

〒162-8711　東京都新宿区矢来町71番地
編集部(03)3266-5430　読者係(03)3266-5111
https://www.shinchosha.co.jp

装幀　新潮社装幀室

図版製作　クラップス

印刷所　錦明印刷株式会社

製本所　錦明印刷株式会社

ISBN978-4-10-611003-0　C0234

価格はカバーに表示してあります。

Ⓢ新潮新書

956
異論正論
石破 茂

経済、医療、安全保障等々、先送りのツケは溜まっていくばかり。次の世代が負債を背負わされ、国が滅びるのを見過ごしてはならない。政界きっての政策通が正面から語る論考集。

957
スマホで薬物を買う子どもたち
瀬戸晴海

絵文字に隠語、秘匿アプリ……浸透したSNSとスマホを介した「密売革命」によって、若者たちの薬物汚染が急速に蔓延している。元「マトリ」トップが実例とともに警鐘を鳴らす。

958
韓国 超ネット社会の闇
金 敬 哲

BTS、BLACKPINK、『イカゲーム』など、世界を席巻した韓流コンテンツから韓国内を震撼させたダークウェブ極悪犯罪まで、一生のうち約34年をネットに費やす人たちの実態とは？

959
ストレス脳
アンデシュ・ハンセン
久山葉子訳

人類は史上最も飢餓や病気のリスクから遠ざかった。だが、なぜ「不安」からは逃れられないのか。世界的ベストセラー『スマホ脳』の著者が最新研究から明らかにする「脳の処方箋」。

960
松田聖子の誕生
若松宗雄

「すごい声を見つけてしまった」。一本のカセットテープから流れる歌声が、松田聖子の始まりだった。伝説的プロデューサーが初めて明かす16歳の素顔、デビュー秘話、大スターへの軌跡。

新潮新書

966
芸能界誕生
戸部田誠（てれびのスキマ）

日劇ウエスタン・カーニバル、テレビの時代、スター誕生の物語……「芸能界」というビジネスは、いかにして始まったのか——。貴重な証言をもとに、壮絶な舞台裏を初めて明かす！

967
あなたの小説にはたくらみがない
超実践的創作講座
佐藤誠一郎

面白い小説は、こうして作られる——入選する作品と落選する作品、いったい何がどう違うのか？　小説の基礎から応用テクニックまで実例を交えてわかりやすく教える。

968
バカと無知
人間、この不都合な生きもの
橘　玲

50万部突破『言ってはいけない』著者の最新作。キャンセルカルチャーは快楽？「子供は純真」か？「きれいごと」だけでは生きられないことを科学的知見から解き明かす。

969
ドーパミン中毒
アンナ・レンブケ
恩蔵絢子訳

快感に殺される！　ゲーム、アイドル、SNSから酒、セックス、ドラッグまで「脳内麻薬」が依存症へと駆り立てる。スタンフォード大教授の第一人者による世界的ベストセラー、上陸。

970
その対応では会社が傾く
プロが教える危機管理教室
田中優介

「相手の怒りを吸い取る話術」「楽観役、悲観役を決めて未来予測」「社員同士の不倫を見抜くには」——。実例をまじえたゼミ形式で学ぶ、組織ディフェンスの〝強化書〟。

Ⓢ新潮新書

971
山奥ビジネス
一流の田舎を創造する
藻谷ゆかり

人口減？　地方消滅？　悲観するな。日本の田舎は宝の山だ！　高付加価値の山奥ビジネスや、明快なコンセプトを掲げて成功した自治体の事例から、「一流の田舎」の作り方を考える。

972
デマ・陰謀論・カルト
スマホ教という宗教
物江潤

反ワクチン、Qアノン、闇の政府、ゴム人間etc．こんなトンデモ話、誰が信じるのか？　ネット上の陰謀論やデマを妄信する人々＝「スマホ教徒」の正体を、気鋭の論客が徹底分析！

973
水道を救え
AIベンチャー「フラクタ」の挑戦
加藤崇

水メジャーの台頭、民営化に揺れる日本――現状把握のため、「寿命」が見えない地中の水道管をAIで診断する「フラクタ」のインフラ革命に、世界が驚嘆！　若き起業家が語る。

974
学歴攻略法
コスパで考える
藤沢数希

中高一貫校か公立中高コースか？　大手塾の仕組みは？　理系は医学部に行くべきか？　正しい英語の勉強法は？　子供が受験で勝つため、親が知っておくべき実践的「損益計算書」。

975
プリズン・ドクター
おおたわ史絵

純粋に医療と向き合える「刑務所のお医者さん」は私の天職でした――。薬物依存だった母との関係に思いを馳せつつ、受刑者たちの健康改善のために奮闘する「塀の中の診察室」の日々。

Ⓢ新潮新書

976
誰が農業を殺すのか
窪田新之助
山口亮子

農家の減少は悪いことではない。「弱者である農業と農家は保護すべき」という観念から脱却し、産業として自立させよ！　農業ジャーナリストが返り血覚悟で記した「農政の大罪」。

977
寿命ハック
死なない細胞、老いない身体
ニクラス・ブレンボー
野中香方子訳

「老い」を攻略せよ！　最新の科学研究から導き出された寿命の未来を、若き分子生物学者が分かりやすく解説。世界22ヵ国で注目のベストセラー、ついに日本上陸!!

978
シチリアの奇跡
マフィアからエシカルへ
島村菜津

「ゴッドファーザー」の島から、オーガニックの先進地へ。本当のSDGsは命がけ。そんな、諦めない人たちのドキュメント。新しい地域おこしはイタリア発、シチリアに学べ！

979
流山がすごい
大西康之

「母になるなら、流山市。」のキャッチコピーで、6年連続人口増加率全国トップ――。流山市在住30年、気鋭の経済ジャーナリストが、徹底取材でその魅力と秘密に迫る。

980
正義の味方が苦手です
古市憲寿

正しすぎる社会は息苦しい。戦争が起き、元総理が殺され、コロナは終わらない。揺らぐ社会をみつめ考えた、「正しさ」だけでは解決できない現実との向き合い方。

Ⓢ新潮新書

981
悪さをしない子は悪人になります
廣井亮一

非行少年であっても、正しく位置づけられた「悪」は、人生をプラスの方向に導くためのエネルギーとなる――。数百人の非行少年を更生に導いた元家庭裁判所調査官が説く「悪理学」。

982
患者が知らない開業医の本音
松永正訓

「儲かってる？」なんて聞かないで。開業資金、患者の取り合い、医師会、クレーマー、コロナで収入激減、自身の闘病――。勤務医を辞めてクリニックを設立した舞台裏、すべて書きました。

983
脳の闇
中野信子

承認欲求と無縁ではいられない現代。社会の構造的病理を誘うヒトの脳の厄介な闇を解き明かす。著者自身の半生を交えて、脳科学の知見を媒介にした衝撃の人間論！

984
NHK受信料の研究
有馬哲夫

「NHKは公共放送だから受信料が必要」はプロパガンダに過ぎない。放送法制定に携わったGHQ側の貴重な証言を盛り込みながら、巨大メディアのタブーに斬りこむ刺激的論考。

985
山本由伸 常識を変える投球術
中島大輔

肘は曲げない、筋トレはしない、スライダーは自ら封印……。「規格外れ」の投手が球界最高峰の選手に上り詰めた理由は何なのか。野球を知り尽くしたライターが徹底解説する。

Ⓢ新潮新書

986
ボブ・ディラン
北中正和
その音楽はなぜ多くの人に評価され、影響を与え、カヴァーされ続けるのか。ポピュラー音楽評論の第一人者が、ノーベル賞も受賞した「ロック界最重要アーティスト」の本質に迫る。

987
マイ遍路
札所住職が歩いた四国八十八ヶ所
白川密成
札所の住職が六十八日をかけてじっくりと歩いたお遍路の記録。美しい大自然、幽玄なる寺院、空海の言葉……人々は何を求めて歩くのか——。日本が誇る文化遺産「四国遍路」の世界。

988
東京大学の式辞
歴代総長の贈る言葉
石井洋二郎
その言葉は日本の近現代史を映し出す——時代の荒波の中で、何が語られ、そして何が語られなかったのか。名式辞をめぐる伝説からツッコミどころ満載の失言まで、徹底解剖!

989
官邸官僚が本音で語る権力の使い方
兼原信克　佐々木豊成
曽我豪　髙見澤將林
巨大タンカーのごとき日本政府を動かすには「コツ」がいる。歴代最長の安倍政権で内政・外政・危機管理の各実務トップを務めた官邸官僚が参集し、「官邸のトリセツ」を公開する。

990
うらやましいボケかた
五木寛之
下を向いて歩こう——ボケる思考、ガタつく体を実感しながらも、ひとり軽やかに「老年の荒野」をゆく——人の生き方・考え方が目まぐるしく変わる人生百年時代に綴った卒寿の本音。